北大版短期培训汉语教材

走进中国

原《走进中国》系列汉语教材全新修订版

刘元满 杨德峰 总策划

MEETING CHINA

Advanced Spoken Chinese

高级汉语口语

刘元满 王文龙 编著

北京大学出版社
PEKING UNIVERSITY PRESS

图书在版编目(CIP)数据

走进中国：高级汉语口语/刘元满，王文龙编著. —北京：北京大学出版社，2012.1
(北大版短期培训汉语教材)
ISBN 978-7-301-19779-0

Ⅰ. 走… Ⅱ. ①刘…②王… Ⅲ. ①汉语—口语—对外汉语教学—教材 Ⅳ. H195.4

中国版本图书馆 CIP 数据核字(2011)第 237907 号

书　　　名：走进中国：高级汉语口语
著作责任者：刘元满　王文龙　编著
责 任 编 辑：贾鸿杰
标 准 书 号：ISBN 978-7-301-19779-0
出 版 发 行：北京大学出版社
地　　　址：北京市海淀区成府路 205 号　100871
网　　　址：http://www.pup.cn
电 子 邮 箱：zpup@pup.cn
电　　　话：邮购部 62752015　发行部 62750672　出版部 62754962　编辑部 62767349
印　刷　者：天津和萱印刷有限公司
经　销　者：新华书店
787 毫米×1092 毫米　16 开本　8.75 印张　217 千字
2012 年 1 月第 1 版　2025 年 7 月第 3 次印刷
定　　　价：32.00 元

前　言

随着中国社会经济的深入发展，到中国学习汉语的学生人数日益增多，其中既有学习半年以上的长期学习者，也有学习四周、六周、八周不等的短期学习者，而后者人数在近年迅猛增长，大有与前者平分秋色之势。

目前供短期汉语学习者使用的教材出版了不少，但总的来看，在数量、品种和质量上都不能适应教学需要，主要问题是分技能教材之间缺乏必要的内在联系，常常是两套马车，各走各的，以致影响教学效率；另外教材容量和层级划分不能满足当前短期汉语教学课型安排、授课时数、学生现有水平与学习需求等方面灵活多样的特点。有鉴于此，我们编写了这套全新的《走进中国》系列教材。

一、编写背景

这套教材在1997年版《走进中国》（初级本、中级本、高级本）系列教材基础上全新编写而成。

原版《走进中国》系列教材为综合技能教材。由于内容和形式适应时代需求，面世后广受欢迎，并很快形成品牌，至今仍被广泛使用。但语言教材毕竟时代性强，需适时更新，以新的理念和研究成果充实教材内容，并体现时代风貌。

2008年3月北京大学出版社与原版《走进中国》的作者就汉语短期班，特别是假期班的教学举行专题研讨，就新的教学需求和教材编写理念进行了磋商。新版《走进中国》的编写工作自此拉开了序幕。除原版教材的部分作者外，新加入的编写人员也都来自北京大学对外汉语教学第一线。我们的目的是与时俱进，拓宽视野，在保持原版教材基本特色的基础上，打破原有框架，在新的教学理念指导下编写一套能够适应当前短期班特点的新教材。

二、内容与教学建议

本套教材共 8 册，分为综合课本和口语课本两个系列，每个系列包括基础、初级、中级和高级四个层次，同一层次的综合课本和口语课本在词汇、语法、话题等方面互为补充。

每册教学时间约为 40—60 学时，可用于 4—6 周全日制短期班，也可用于非全日制但学时较长的学生。基于短期班学生学习时间集中，课外活动较多，预习复习时间不充裕等特点，我们做了如下设计：

1. 课文：每册 12 课，每课建议授课 4 学时，一般为两次完成一课。综合系列基础和初级阶段课文为对话和语段；中高级阶段为语段。口语系列中级以下以情景为主线，功能融入其中，高级则场景与话题相结合。

2. 生词：综合系列基础级每课生词量平均为 15 个，高级为 30 个；口语系列相应减少 5 个左右。各册总词汇量逐级增加，从约 300 个到约 700 个。横向系列的生词重叠不超过 1/3。选词依据主要为汉语水平词汇大纲，也适当参考了近年统计的高频词和短期学生的生活实际。课后的补充词语未计入其中，教师可根据实际情况灵活要求。

3. 语言点：综合系列语言点从一两个到四五个；口语采用句式练习的方式呈现，每课控制在 5 个以内。全部语言点均配英文翻译。

4. 练习：生词、课文、语言点后配专项练习，最后是针对全课的综合练习。教师可指导学生通过专项练习掌握要点，通过综合练习巩固提高。练习形式多为任务型，突出交际性，数量略多于上课实际需要，教师可适当取舍。

三、主要特色

1. 系统性

综合教材与口语教材相辅相成，既自成系列，又相互配合。层级细分，可满足不同的教学需要，便于分班授课。相邻的两本教材无论是在生词数量上还是在课文长度上，都努力做到衔接自然，尽量不出现台阶，以方便学习者连续学习。

2. 针对性

话题的确定建立在问卷调查的基础上，所选话题都是学生感兴趣的、迫切需要的。课文以对话为主，注重词语和语法的学习，体现短期学习的特殊需求。

3. 实用性

话题、词语、语法点都是最常见的，学习以后可以直接用于日常生活交际。生词、语法不求深入系统，务求简明实用。

4. 实践性

所选话题源于生活，所设情景贴近生活。课文编排以对话为主，突出实践性，尽量与现实生活接轨，以便学以致用。

5. 趣味性

对话的编写，阅读语料的选取，除考虑生活性、知识性、广泛性、可读性外，也重视趣味性，对话尽量生动活泼，语料尽可能丰富多彩，以便激发学习者的兴趣。练习除强调交际性以外，还有一些趣味性和游戏性的内容，尽量做到实用有趣。

教材总体策划为刘元满、杨德峰。他们设计编写方案，制定编写体例，并协调各册编者密切配合。综合系列由杨德峰统稿，口语系列由刘元满统稿。

本套教材获北京大学主干基础课教材立项。刘元满负责申报教材立项工作，并拟定教师和学生使用情况调查问卷。在编写过程中，整个团队在愉悦、高效的气氛中协作，比较充分地实现了最初的设计。此外，王玉在多个项目中组织问卷调查，王文龙整理会议记录、统计问卷结果。在教材试用过程中，他们联系打印社，保证了教学的正常使用。他们所做的工作琐碎繁杂而至关重要。

另外，在教材设计、编写及出版过程中，北京大学出版社沈浦娜主任和宋立文、孙娴、沈岚、贾鸿杰等编辑多次参与研讨，提出不少宝贵意见，本册英文翻译由罗竞承担，英文审订为黄红宇（美国西点军校），在此一并致谢。

本套教材 2009 年 6 月起在北京大学春季班和暑期班试用多次，根据师生反馈调整修改之后，又在春季班和暑期班试用了两轮。经过反复打磨，现在终于付梓了。希望本套教材的出版为教师提供一个选择的机会。教材编写是一个系统工程，尽管我们倾注了大量的心血，但仍有遗憾和惋惜，不尽如人意之处还希望使用者多提宝贵意见，以便日后修订、完善，使之更趋成熟。

编 者

Preface

As China's economic development continues to progress on such an impressive scale, the number of students who have developed an interest in studying the Chinese language has also gradually increased. These students include those who remain for six months or longer to partake in the long-term Chinese language programs, as well as short-term students who attend the courses for four, six, or even eight weeks. In recent years we have witnessed a rapid increase for those in the latter category.

At present, teaching materials for those enrolled in the short-term Chinese language program remain abundant. However, the number, variety and quality of these materials are not sufficient in maximizing the learning potential of the students. Of greatest concern is the lack of consistency between the materials used to teach various language skills; oftentimes, there is a vast difference between what various teachers define as the most effective means of education. This has greatly impacted the degree of efficiency when teaching. Furthermore, the amount of content within the materials and the level of difficulty of the short-term Chinese language program have not adequately accommodated for factors prone to variation, such as the in-class arrangements, teaching hours, current level of the students and their learning needs. In view of this, we have compiled a brand new collection of teaching materials, the "Meeting China" series.

Ⅰ. Background to the Creation of "Meeting China"

In 1997, the foundations for the materials of the "Meeting China" series (catering for elementary, intermediate and advanced levels) were compiled and established.

This original "Meeting China" series aimed to teach comprehensive language skills. As a result of the demands of the time, the series gained such immense popularity it became renowned in the world of education, and is still widely used today. However, the nature of language education is one that forever progresses; there is a constant need to update materials and enrich course content according to new ideas and research results, as well as the defining characteristics of the time.

In March 2008, Peking University Press and the author of the original "Meeting China" held a symposium regarding the short-term Chinese language program courses, with a particular focus on the holiday courses. Consultations about the new teaching requirements and ideas for teaching materials were also made. These meetings were to serve as the prelude to preparing the new edition of "Meeting China" . Aside from the author of the preserved portion of the original materials, those who wrote the new materials are at the forefront of the School of Chinese as a Second Language at Peking University. Our aim is to advance with the times and broaden our horizons, while simultaneously preserving the remarkable foundations as established by the original teaching materials. In this way, we will transcend the original framework, following a new teaching philosophy to successfully compile a revolutionary set of teaching materials that adapt to the uniqueness of the current short-term language classes.

Ⅱ. Content and Suggestions for Teaching

This set of teaching materials is comprised of a total of 8 volumes divided into two series of Comprehensive Chinese and Spoken Chinese books. Every series includes basic, elementary, intermediate and advanced levels; identical levels of comprehensive Chinese and spoken Chinese have complementary content in terms of vocabulary, grammar, topics etc.

Every book requires approximately 40-60 in-class teaching hours; this is suitable for teaching those in the full-time short-term courses, as well as those in courses of longer duration. Based on such factors as the number of learning hours required by the short-term language course students, the greater number of hours dedicated to extra-curricular activities, and insufficient time allocated to previewing and reviewing class material, we recommend the following lesson plan:

1. Texts: Every book contains 12 lessons; we suggest that each lesson is taught within 4 class hours so that one lesson is completed every two classes. The basic and elementary stages of the Comprehensive Chinese series focus on dialogue and discourse, while the intermediate and advanced stages simply focus on discourse. Intermediate stages and below in the Spoken Chinese series include the importance of context and functional integration; the texts of advanced stages also include a combination of topics and situations.

2. Vocabulary: Basic level books of the Comprehensive Chinese series contain an equal number of 15 new vocabulary items in each lesson, while advanced level books contain 30 in each lesson. Books of the corresponding levels in the Spoken Chinese series have approximately 5 less new vocabulary items. Generally speaking, every book will see the students increasing their vocabulary by approximately 300 to 700 words. The number of overlapping vocabulary items between each successive level does not exceed one third. The vocabulary items were chosen based mainly on the Outline of Chinese Vocabulary and Chinese Characters Level; this selection was also based on recent statistics which revealed the words most frequently used by short-term language program students in their daily lives. If there are new items that are not explained in the text, the teacher is free to adapt to the demands of the situation and supplement the lesson.

3. Grammar points: The Comprehensive Chinese series contain 1–2 to 4–5 grammar points each lesson. Those in the Spoken Chinese series are presented via practising sentence formation, where every lesson includes at most 5 points. All grammar points are accompanied by an English translation.

4. Practice: The new vocabulary items, texts, grammar points of each lesson are followed by suitable exercises and concluded with comprehensive practice exercises that reinforce the content that was taught. Through these practice exercises, teachers can highlight which aspects to master; comprehensive practice exercises will further consolidate the increased proficiency of the students. Forms of practice are mainly task-based, highlighting the importance of communication in situations beyond the classroom context. The appropriateness of these activities may be determined by the teacher.

Ⅲ. The Main Features

1. Systematic

Comprehensive Chinese and Spoken Chinese books are complementary. Not only can each be taught in a series, but also collaboratively. Levels and subdivisions satisfy the needs of different teaching styles and make separating classes easier. In regards to the teaching materials, whether it is the amount of new vocabulary words or the length of the texts, it is possible to achieve a natural integration into daily life, ensuring students do not try to avoid studying and facilitating continuous learning.

2. Targeted

Topics will be determined by the results of a questionnaire, selected based on the students' needs and interests. Text and dialogue are top priority. They focus on vocabulary and grammar, reflecting the special demands of short-term learning.

3. Functionality

Topics, vocabulary words, and grammar points are most commonly discussed in class and can be used for everyday communication. It is important to know the clear and concise function of the vocabulary words and grammar patterns rather than have a deep and thorough categorization.

4. Put into practice

Selected topics and situations come from real life scenarios. The text layout is based on dialogues that highlight the practicality of the text and integrate with real life, so students apply what they have learned.

5. Interesting

In addition to the dialogues written in the teaching materials, the selection of written materials, and the considerations of life, knowledge, breadth, and readability, we have made an effort to incorporate fun and lively conversations into the learning materials, making the texts as rich and varied as possible, in order to stimulate the students' interest. In addition to emphasizing communicative practice, there are a number of interesting games, so learning the materials will be as interesting as possible.

Liu Yuanman and Yang Defeng made the overall design for the teaching materials. They write programs designed to develop new writing styles and formats and coordinate closely with the compilers. Yang Defeng drafted the comprehensive series while Liu Yuanman drafted the spoken series.

Our textbooks have been a part of Peking University's arsenal for generalized subject courses. Liu Yuanman is responsible for setting up the project regarding the teaching materials, and for formulating the condition of service questionnaire for teachers and students. During the preparation process, the entire team worked in a pleasant and efficient atmosphere, collaborating with each other to achieve their original design. In addition, Wang Yu organized several survey projects while Wang Wenlong organized notes from their meetings, calculated the results of the questionnaires. During the textbooks' trial process, they contacted the printing company to ensure normal usage of the teaching materials. Their work is tedious, complex, and essential to the production of this textbook.

In addition, I would like to thank the director of Peking University Press Shen Puna, and Song Liwen, Sun Xian, Shen Lan, Jia Hongjie, and other editors who, during the designing, writing and publishing process, participated in discussions, and made many valuable suggestions. I would also like to thank Luo Jing, who translated this volumn. My sincere thanks is extended to Huang Hongyu (The United States Military Academy at West Point), who revised the English translation.

From June 2009, Peking University used this set of materials on a trial basis during the spring, summer quarters several times. After adjusting and modifying the material according to professors' and students' feedback, this set of materials was used twice more during the summer and spring quarters. After a year of polishing the material, it is finally ready for publication. We hope that the publication of this set of materials will provide the educators a choice in teaching materials. Writing textbooks is a systematic process. Even though we put in a lot of hard work, we still have regrets. We gladly welcome suggestions from anyone using the series, so we may make improvements and perfect the materials.

Compilers

中国家庭

父亲—王鲁川

女儿—王　杨

侄子—王江平

中国朋友

和悦

戴婷婷

李文文

外国朋友

陈家杰

龙马

玛莲

哈利

梅丽

目　　录

Contents

第一课　起个什么名字好？
Dì-yī kè　Qǐ ge shénme míngzi hǎo?

热身话题
WARMING-UP EXERCISE

1. 上汉语课的时候你使用母语吗？
2. 你的中文名字是怎么起的？
3. 语伴能帮你做什么？

词语
VOCABULARY

1. 情节	qíngjié	名	plot
2. 语伴	yǔbàn	名	language partner
			找~/那是他的~。
3. 喜悦	xǐyuè	形	happy; joyous
			~的心情/~的气氛/心中充满~
4. 包涵	bāohán	动	excuse; forgive
			请多~

5. 谦虚	qiānxū	形	modest
			~的态度
6. 佩服	pèifu	动	admire; think highly of
			让人~/大家都很~他。
7. 讲究	jiǎngjiu	形	pay great attention to; be particular about
			她穿衣服很~，从不乱穿。
8. 亭亭玉立	tíng tíng yù lì		(of a woman) slim and graceful
			~的少女
9. 词汇量	cíhuìliàng	名	vocabulary
			~大/扩大~
10. (女)字旁	(nǚ) zìpáng		the radical (female)
			"她、好、妙"等字都有女~。
11. 杰出	jiéchū	形	outstanding; remarkable
			~的贡献
12. 人才	réncái	名	person of ability; talented person
			优秀的~/杰出的~
13. 土	tǔ	形	rustic; uncouth; unfashionable
			指不够城市化、不够时尚： 他说话很~。/穿得太~了。
14. 身强力壮	shēn qiáng lì zhuàng		robust and strong
			~的小伙子
15. 志向	zhìxiàng	名	aspiration; ambition
			他天天混日子，没什么大~。
16. 远大	yuǎndà	形	forward looking and ambitious
			年轻人应该志向~。
17. 品德	pǐndé	名	good moral character; morality; virtue

18. 高尚	gāoshàng	形	noble; high-minded
			品德～
19. 古文	gǔwén	名	classical prose
			她喜欢看书，读～。
20. 成语	chéngyǔ	名	idiom; set phrase
21. 典故	diǎngù	名	allusion; literary reference
22. 晕	yūn	动、形	dizzy; giddy
			那些术语太难记，把我搞～了，一个也没记住。
23. 语速	yǔsù	名	speaking speed
			她说话～太快，我们经常听不清。
24. 传说	chuánshuō	名	legend
			这只是一个～，谁也没见过。
25. 精神	jīngshen	形	vigorous; spirited
			你戴上这顶帽子很～。
26. 开心	kāixīn	形	have a great time
			玩得～/ 开开心心
27. 彼此	bǐcǐ	代	each other
			增进～了解 /A：你今天真精神啊！B：～～。

课文

TEXT

情节：语伴见面会上，陈家杰与和悦、戴婷婷与马克互相结为语伴，交流信息

1. 文中的四个人是什么关系？

2. 马克的汉语怎么样？

陈家杰：你们好！我叫陈家杰，这是我的好朋友马克。

和　悦：我叫和悦，和平的和，喜悦的悦。我的专业是英语。

戴婷婷：我和和悦同系不同班。我叫戴婷婷。

马　克：认识你们很高兴。我学过一年汉语，说得不太好，说错了请多包涵。

戴婷婷：才学了一年，就会说这种谦虚的话，真让人佩服。

马　克：哪里哪里！你们的英语水平可比我的汉语高多了。

戴婷婷：马克，你没有真正的中文名字吗？

马　克：对，我的朋友告诉我中国人的名字一般都比较讲究，不能随便起，我就一直没有中文名字。我猜你的名字一定跟“亭亭玉立”有关系吧。

戴婷婷：你词汇量不小啊！我是女字旁的“婷”，是美好的意思，我的名字好记不好写。“陈家杰”这个名字很有中国特色，一听就知道父母希望他成为杰出的人才。不过时代变了，现在年轻人很少这样起了。

陈家杰：（笑道）你是说我的名字很土吗？

戴婷婷：不不不，我不是这个意思。我只是说这是个比较传统的名字而已。马克，你对名字有什么要求？

马　克：我叫 Mark Lummins，我想要一个地道的中国名字。你们有什么建议？

和　悦：男孩子嘛，可以表现身强力壮啦，志向远大啦，品德高尚啦。人名用字可以在古文里找，也可以从成语、典故里找，还可以从大自然中找，比如季节、天气、动物、植物什么的，中国人起名字有很多方法，看你喜欢哪种。

3. 马克为什么没有中文名字？

4. 戴婷婷、陈家杰这两个名字各有什么含义？

5. “名字很土”是什么意思？

6. 马克对名字有什么要求？

7. 男孩子起名字有哪些方法？

陈家杰：慢点慢点，你把我们都说晕了！说了半天，到底起什么好啊？

和　悦：抱歉抱歉！我语速比较快。你们看这样行不行？马克的姓发音跟"龙"相近，名字的发音跟"马"相近，"龙"是传说中的动物，"马"也很有精神，合起来又健康又有志向，叫"龙马"或者"马龙"怎么样？还有，马克高高大大的，叫"马大龙"也行。

马　克：听起来很不错啊，给我点时间，我考虑考虑。今天认识你们很高兴，有你们帮助，我一定会过得很开心。

戴婷婷：彼此彼此！

8. 陈家杰为什么会"晕"？

9. 和悦想怎么给马克起名字？

10. 马克最后决定用什么名字了吗？

句式练习

SENTENCE PATTERN EXERCISES

阅读下列例句，然后用加点的部分完成对话：

1. 我学过一年汉语，说得不太好，说错了请多包涵。

■ 是一种谦虚的表达方式，用于请别人原谅、不要见笑。

This humble expression is often used to ask for understanding and patience, meaning " Please bear with me; excuse/forgive my inadequacy; don't laugh at me."

(1) 你的汉字写得怎么样？
(2) 来跟我一起跳舞吧。
(3) 马克要给我们唱一首中文歌，大家欢迎！

2. 我的名字好记不好写。

■ "好A不好B"，一般用于对比。
"好A不好B", a comparative structure indicating that B is more challenging than A.

(1) 中国的书法看起来很漂亮。
(2) 这个菜真好吃，做起来很复杂吧？
(3) 这种笔写起来很清楚，容易擦掉吗？

3. 我只是说这是个比较传统的名字而已。

■ 表示程度轻、数量少。
This expression indicates "only; that is all; nothing more."

(1) 你是说这件事都是我的错？
(2) 你认为他是世界上最聪明的人吗？
(3) 你是不是觉得我们一点办法也没有了？

4. 说了半天，到底起什么好啊？

■ 关于某个话题说了很多，想问最终的结果。
This expression (meaning "after all; in the final analysis") is used to ask for the final result or conclusion after much has been said about a topic and all the facts considered.

(1) 这本教材语法解释很清楚，这本呢，内容有意思，你手里的那本呢，练习特别好。

(2) 这部电影今年票房（piàofáng，box-office）收入最高，那个电影票房差一点，但思想比较深刻。

(3) 四川菜有特色，广东菜不一般，北京烤鸭也一定要尝一尝。

5. 马克高高大大的，叫“马大龙”也行。

■ 双音节形容词重叠，“AABB+的”作谓语，多用于好的评价。“AABB+的”（a structure that reduplicates bisyllabic adjectives), when used as a predicative, often suggests an approving and appreciative attitude on the speaker's part.

(1) 你怎么要大家到草地上去讨论呢？

(2) 你一个人住这么大的房子，太浪费了吧？

(3) 为什么每次车展（chēzhǎn，automobile exhibition）上都要请很多女模特（mótè，model）呢？

练习 EXERCISES

一、请把班里同学的中文名字写在空白处，看看这些名字有什么特点

（提示：国家、性别、发音、用字）

二、分组设计初次见面的对话（可选择一组）

1. A 打电话联系 B。A 是第一次到中国的留学生，B 是 A 的同学的中国朋友。
2. 邻班的两位同学课间在休息处休息，一起聊天。
3. A 到宿舍来看望 B。B 是来中国学习的留学生，A 是 B 父母的一位中国朋友。

三、你能从下面这些名字看出性别以及名字的含义吗？

陈健　赵永康　李高梅　白大伟　马国庆　金小燕　刘安安

四、阅读下面短文，然后讨论问题

公安部《姓名登记条例》（初稿）规定不得使用或者含有下列文字、字母、数字、符号：1. 已简化的繁体字；2. 已淘汰的异体字，但姓氏中的异体字除外；3. 自造字；4. 外国文字；5. 汉语拼音字母；6. 阿拉伯数字；7. 符号；8. 其他超出规范的汉字和少数民族文字范围以外的字样。《条例》还规定：除使用民族文字或者书写、译写汉字的以外，姓名用字应当在两个汉字以上、六个汉字以下。

1. 根据以上规定，以下名字是否可用？为什么？

赵一A　奥斯瑞娜王　@（父母说读做“爱他”）　王六一
孙李杰克逊　皇帝

2. 应不应该让人们自由起名？

五、说一说

1. 你们国家对起名字有什么规定吗？

2. 请介绍几个你觉得很特别的姓或者名字。

3. 看到下面这些网名（wǎngmíng，net name），你会想到什么？你会给自己起一个什么样的网名？

①维生素　②鱼儿乐　③六月雪　④会跳舞的猪
⑤小人物　⑥小红帽　⑦我想有个家

六、请找出本课中你觉得最好用的五个句子

1.

2.

3.

4.

5.

第二课 你看看这一款
Dì-èr kè Nǐ kànkan zhè yì kuǎn

热身话题
WARMING-UP EXERCISE

1. 你买东西时一般考虑什么因素?
2. 人们换手机的原因是什么?
3. 你买过什么让你满意或者不满意的东西?

词语
VOCABULARY

1. 款	kuǎn	量	style; pattern
			一～男装 / 新～电脑
2. 价位	jiàwèi	名	price; price range
			您要什么～的手机?
3. 功能	gōngnéng	名	function
			～强大 / 多～手表
4. 待机	dài jī		standby
			～时间长（短）

5. 充电	chōng diàn		charge（a battery); battery charging
6. 信号	xìnhào	名	signal
7. 稳定	wěndìng	形	stable; steady 信号 ~/ 情绪 ~
8. 破	pò	形	poor quality; lousy; shabby 那个 ~ 电影没必要去看。/ 我这个 ~ 嗓子，根本唱不了歌剧。
9. 时尚	shíshàng	形、名	fashion; vogue 衣着 ~/ 追求 ~
10. 淘汰	táotài	动	eliminate through selection or competition; fall into disuse ~ 赛 / 不进步就会被时代 ~ 掉。
11. 其实	qíshí	副	as a matter of fact; actually
12. 蓝牙	lányá	名	bluetooth
13. 人家	rénjia	代	sb. else; others ~ 都走了，你怎么还在这儿？/ 你看 ~ 干得多好！
14. 可惜	kěxī	形	it's a pity; it's to be regretted that... 这么好的衣服，扔掉太 ~ 了。
15. 凑合	còuhe	动	make do（with） 这张桌子还能 ~ 用几天，别买新的了。
16. 特价	tèjià	名	special price; bargain price ~ 商品 / 搞 ~ 活动

17. 款式	kuǎnshì	名	style; design
			～新颖 /～太老
18. 保修期	bǎoxiūqī		warranty period
			过了～
19. 电池	diànchí	名	（electric） cell; battery
			一块（节、粒）～
20. 光临	guānglín	动	presence （of a guest, etc.）
			欢迎～
21. T恤	T xù	名	T-shirt
22. 牛仔裤	niúzǎikù	名	jean
23. 腰围	yāowéi	名	waistline
			量～/～有多大？
24. 休闲	xiūxián	形	leisurely; casual
			～裤 / 穿得很～
25. 纯（棉）	chún（mián）	形	pure （cotton）
			～木家具 /～金项链
26. 小票	xiǎopiào	名	receipt; sales slip
			请收好～
27. 凭	píng	介	base on; rely on; use as permit
			～票入场 /～小票退换商品

课文

TEXT

一 买手机

情节：和悦陪陈家杰到商场买手机

1. 陈家杰想用手机做什么？
2. 陈家杰想要什么样的手机？
3. 陈家杰现在的手机有什么问题？

和　悦：家杰，你想要什么价位的？

陈家杰：我这次在中国时间不长，只是临时用一下，能接打电话、收发短信就行，不用太贵。

和　悦：你说话真逗，什么手机能没这两个基本功能啊！

陈家杰：手机和手机可不一样。我想要待机时间长一点的，不然每天都得充电。还想要信号稳定一点的，你看我这个就很不好用，是一个朋友给我的，经常说着说着就听不见了。

和　悦：你那是个什么朋友啊？送你这么个破手机！

陈家杰：你别这么说。他是个很时尚的人，一有新款就把旧的淘汰了，其实这个手机功能挺全的，还能拍照，带收音机、MP3、蓝牙什么的，就是信号差一点，人家准备扔掉的，我觉得太可惜了，就拿来凑合着用了。

和　悦：原来是这么回事。

售货员：您看看这一款，特价。

和　悦：特价？你们在搞什么活动吗？

售货员：我们店每天都有一款特价手机，质量都有保证，只是款式有点老，而且颜色不多。那边都是新出的款式，比较时尚。

陈家杰：时尚的就算了，就这款吧。保修期多长时间？

售货员：电池六个月，手机一年，十五天内可以换。

4. 陈家杰现在的手机有什么功能？

5. 陈家杰为什么要朋友的手机？

6. 这款特价手机怎么样？

7. 这款手机有什么保修？

二　买衣服

情节：陈家杰到一家服装店买衣服

售货员：欢迎光临！您想看看什么？

陈家杰：我想买T恤和牛仔裤，您看有

8. 陈家杰喜欢穿什么样的衣服？

没有适合我的？

售货员：您穿多大的？腰围是多少？

陈家杰：腰围？我不知道中文怎么说，你帮我量一下看看。像我这么高的人得穿大号的T恤吧？我喜欢宽松一点的，太瘦的穿上不舒服。

9. 店里有什么裤子？

售货员：请稍等。这款的大号T恤还有两件。牛仔裤在那边，也有休闲裤，是纯棉的。您可以到试衣间去试试。

10. 陈家杰买了什么？

陈家杰：好。（试完衣服）这条裤子我要了。T恤就算了，太瘦了。

11. 小票有什么用？

售货员：您要不着急，可以过一两天再来看看。这是小票，请收好。如果衣服有问题，一个星期内凭小票可以退换。

句式练习 SENTENCE PATTERN EXERCISES

阅读下列例句，然后用加点的部分完成对话：

1. 什么手机能没这两个基本功能啊！

■ "疑问代词 +n.+ 能 / 不能没……！" 表示反问，这句话强调所有的手机都有这两个功能。
The structure "interrogative pronoun+n.+ 能 / 不能……！" forms a rhetorical question indicating "all" or "none" in the sense of all-inclusiveness or all-exclusivenss. The above sentence emphasizes that all cell phones have these two functions.

(1) 那家超市卖牛奶和手纸吗？
(2) 你的电脑能不能上网？
(3) 要是人一辈子都不生病该多好。

2. 经常说着说着就听不见了。

■ "v.着 v.着就……"，表示逐渐发生变化或者逐渐出现了一个结果。
"v.着 v.着就……" indicates that while V is going on, something happens as an unintended or unexpected change or result.

(1) 你怎么老是不能安心写作业呢？
(2) 他常常一看外语书就睡着了。
(3) 你怎么会唱那么多歌？

3. 你那是个什么朋友啊？送你这么个破手机！

■ 表示不以为然，认为不应该给朋友送一个质量很差的手机。

"你那是个什么 n.啊？" expresses a disapproving or contemptuous attitude on the speaker's part. The above sentence signifies that the speaker doesn't regard it as right to give friends a low-quality cell phone.

(1) 我同学借给我一个电子词典，老是突然关机。

(2) 有个亲戚送给我一台电脑，别的还好，就是噪音太大，同屋说睡不着。

(3) 她男朋友送了她一块手表，每天慢五分钟，可她还舍不得扔掉。

4. 时尚的就算了，就这款吧。

■ "A 就算了，就 B 吧"，表示对 A 和 B 进行比较以后决定选择 B。
The expression "A 就算了，就 B 吧" indicates that after comparing A and B, B becomes the preferred choice.

(1) 你要红色的还是蓝色的？红色的贵一点。

(2) 请问您要鲜榨（zhà，squeeze）果汁（guǒzhī，fresh squeezed juice）还是普通果汁？

(3) 咱们去星巴克（Xīngbākè，Starbucks Coffee）喝咖啡吧。

5. 您要不着急，可以过一两天再来看看。

■ "您要 = 您要是"，省略用法。表示客气地提出一个建议。
"您要", an abbreviation of "您要是", is used to make a suggestion politely.

(1) 东西不合适可以退货吗？

(2) 下周我们实在没时间啊！

(3) 如果想参加的话怎么报名？

练习 EXERCISES

一、请看以下图片中的服装，说说它们的特点以及适合的场合

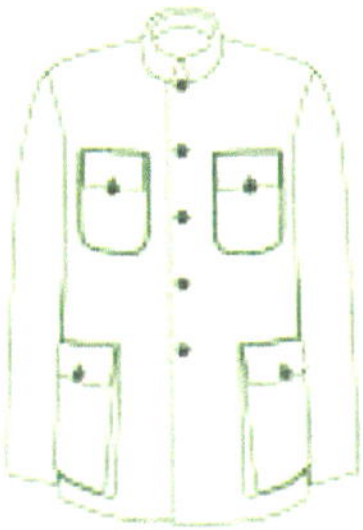
（中山装）

（唐装）

（旗袍）

（西装）

（运动装）

二、如果购买手机，你会考虑哪些方面因素？

（提示：外形、颜色、价格、品牌、功能等，品牌如：诺基亚（Nuòjīyà，Nokia）、摩托罗拉（Mótuōluólā，Motorola）、三星（Sānxīng，Samsung）、苹果（Píngguǒ，Apple）等）

三、分组设计购物时和售货员的对话（可选择一组）

1. 在商场买电子词典，说明对功能、颜色和价位的要求。
2. 在商场买鞋，谈到鞋的款式、颜色、大小和价位。

3. 刚买的电子词典不能用，你用小票去商场换，售货员说可以修但不能换，你要说服他。

四、讨论

1. 你觉得买什么东西时表达比较困难？
2. 在中国购物与在你们国家购物有什么不同？
3. 你对网上购物、电视购物等方式怎么看？

五、小调查

分组交流关于网上购物（或讨价还价）的看法，形成一致意见后向班里同学报告。将各组同学的意见填在下面的表格中并做小结：

同学	喜欢 / 不喜欢这种方式	原因
小结：		

六、请找出本课中你觉得最好用的五个句子

1.

2.

3.

4.

5.

第三课 闻起来真香啊
Dì-sān kè Wén qilai zhēn xiāng a

热身话题
WARMING-UP EXERCISE

1. 你们同学聚餐时一般常去什么样的饭店?
2. 你觉得中国菜的味道怎么样?
3. 你了解中国的火锅吗?

词语
VOCABULARY

1. 火锅	huǒguō	名	hotpot
2. 麻	má	形	tongue-numbing 又~又辣 / 这种水果吃后嘴里有点~。
3. 过瘾	guò yǐn		satisfy a craving; enjoy oneself to the full 玩得~/ 吃得~/ 过烟瘾 / 过酒瘾

4. 名称	míngchēng	名	name; title
5. 至于	zhìyú	连	as for; as to 我知道她是我们学校的，～哪个系我就不太清楚了。
6. 图片	túpiàn	名	picture; photograph
7. 口味	kǒuwèi	名	flavor of food; one's taste 你喜欢什么～的菜？
8. 涮羊肉	shuàn yángròu		instant-boiled mutton
9. 鸳鸯火锅	yuānyāng huǒguō		double flavor hotpot（鸳鸯，mandarin duck, a symbol of conjugal bliss and fidelity in Chinese culture）
10. 药膳	yàoshàn	名	herbal cuisine; medicated food
11. 素食	sùshí	名	vegetarian cuisine
12. 泡菜	pàocài	名	Chinese pickled vegetables 韩国～
13. 涮涮锅	shuànshuànguō	名	shabu-shabu
14. 引进	yǐnjìn	动	import; introduce from elsewhere 从国外～/～新品种

15. 奶酪	nǎilào	名	cheese
			一块～
16. 发财	fā cái		get rich; make a fortune
			恭喜～/发大财
17. 清真	qīngzhēn	形	Muslim; Islamic
18. 大多	dàduō	副	for the most part; mostly
19. 制作	zhìzuò	动	make; manufacture
20. 爆	bào	动	stir-fried with high heat and in a short time
			～羊肉
21. 酱	jiàng	名、动	cooked or pickled in soy sauce
			～黄瓜
22. 蒸	zhēng	动	steam
			～馒头/清～鱼
23. 实惠	shíhuì	形	substantial; reasonally priced
			价格～/那家饭馆很～。
24. 提议	tíyì	动、名	propose; suggest
			他～去吃火锅。/我有一个～。
25. 聚	jù	动	gather; get together
			～餐/每周～一次
26. 特色	tèsè	名	characteristic; unique feature
			这个店很有～。
27. 大饱口福	dà bǎo kǒu fú		to enjoy good food
			大饱眼福/大饱耳福

28. 吃得消	chī de xiāo	be able to stand (exertion, fatigue, etc.)
		每天加班，谁~？/ 物价高，普通家庭吃不消。

专有名词

1. 韩国	Hánguó	The Republic of Korea
2. 瑞士	Ruìshì	Switzerland
3. 新疆	Xīnjiāng	Xinjiang Uygur Autonomous Region

课文 TEXT

情节：陈家杰、龙马（即第一课的马克）、戴婷婷到“小小火锅”店吃饭

1. 水煮鱼是怎么做的？

龙　马： 闻起来真香啊！上星期我们去吃水煮鱼，我原来以为真的是用水煮的，英文翻译也是 boiled fish 或者是 hot fish，端上来一看

才发现里面全是热油，不是水啊。不过，又麻又辣，吃起来真过瘾！

戴婷婷：水煮鱼以麻辣为主要特点，英文翻译不出来，干脆就直接翻译成 Shui Zhu Yu 好了。最近我看了一本关于中文菜单的英文翻译书，有些名称就改了，饺子以前翻译成 Dumplin，现在翻译成“Jiaozi”，我想这样比较好。

2. 水煮鱼、饺子怎么翻译比较好？

陈家杰：翻译嘛，能说明意思就行了，至于味道和做法，最好能有图片和说明，不然外国人就搞不清楚是什么东西。（看到另外一张桌子上的火锅）哎，老板，他们那个火锅怎么分成了两半，一边红，一边白啊？

3. 最好怎么翻译菜名？

老　板：是这样的。火锅有多种口味。涮羊肉也是一种火锅，以羊肉为主要材料。另外有麻辣火锅，是四川口味，肉、鱼、菜、豆腐、面条……什么材料都可以放到锅里。为了照顾不吃辣的人，人们就发明了这种锅，它有一个好听的名字，叫鸳鸯火锅，一边辣，一边不辣，但放进去的东西都一样。

4. 火锅里放什么材料？

5. 鸳鸯和火锅有什么关系？

6. 这些火锅会使用什么材料？

戴婷婷：说起火锅的种类来，真是太丰富了！我同屋的父亲就开了一家火锅店。他那里有药膳火锅、素食火锅，韩国的泡菜火锅、日本的涮涮锅，最近他还引进了一种瑞士的甜味火锅，用的是奶酪和巧克力，我还没吃过。

老　板：他的店一定很大，真让人羡慕啊！我们这个“小小火锅”店可比不了！

7. 怎么祝福别人？怎么回答？

陈家杰：你生意这么好，会发财的。

老　板：一起发财，一起发财。好，你们慢用。（离开）

8. 新疆菜有什么特点？

戴婷婷：（对大家）咱们下次去吃新疆菜怎么样？新疆菜以清真菜系为主，大多用牛羊肉，制作方法有爆、烤、涮、酱、蒸什么的，烤全羊、大盘鸡、手抓羊肉什么的都挺有名。好吃不贵，特别实惠。

9. 龙马的提议能不能实现？

龙　马：我提议咱们以后每隔三天就聚一次，争取把不同特色的菜都吃遍。既能大饱口福，又能一起聊天。

戴婷婷：这个主意不错！只要大家经济上吃得消。

句式练习

SENTENCE PATTERN EXERCISES

阅读下列例句，然后用加点的部分完成对话：

1．我原来以为真的是用水煮的……端上来一看才发现里面全是热油。

■ 表示实际看到或体会后发现跟原来想的不一样。

This expression indicates that what one sees or experiences contradicts what one originally thought.

（1）都说他不太好相处，是这样吗？

（2）听说那里很好玩儿，你觉得怎么样？

（3）那是一部 3D 电影（three-dimensional film），你看过吗？

2．英文翻译不出来，干脆就直接翻译成 Shui Zhu Yu 好了。

■ 提出一个完全不同的、新的解决办法。

This expression is used to propose a presumably more simple or straightforward alternative solution, meaning "simply (do sth.); it would be simpler to (do sth.)".

（1）雨这么大，还去爬山吗？

（2）飞机晚点了，下午的会议还开吗？

（3）她说没有时间到咱们这儿来。

3．翻译嘛，能说明意思就行了。

■ 表示只要满足最基本的要求就可以。

This expression implies that meeting the minimal requirements will suffice to accomplish a purpose.

(1) 你看我的新手机，功能特别多。
(2) 简历怎么写比较好？
(3) 我去公司面试，穿着（chuānzhuó, dress）方面要注意什么？

4. 我们这个“小小火锅”店可比不了！

■ “A 可比不了 B”，表示 B 很强，A 跟 B 比很差。
The structure “A 可比不了 B” indicates that A is far inferior to B.

(1) 她口译水平怎么样？
(2) 这里的生活条件方便吗？
(3) 你觉得这款手机怎么样？

5. 我提议咱们以后每隔三天就聚一次。

■ 用于提出一个建议。
This expression is used to make a suggestion.

(1) 咱们周末干什么？
(2) 假期那么长时间，我们搞一些有意义的活动吧？
(3) 新年晚会咱们出什么节目？

练习 EXERCISES

一、请猜一猜下面几个词语的意思，然后问问老师或同学，看看跟你想的是不是一样

吃批评
吃耳光
吃得开
吃香

二、下面有一些中国菜的名字，你看到以后能想到是什么材料做的吗？把你的答案写在下面，然后再问一下中国朋友或上网查一下，到底是什么材料做的

菜名	你的想法	实际的情况
老虎菜		
红烧狮子头		
地三鲜		
夫妻肺片		
蚂蚁上树		

三、分组讨论

1. 你对中餐的印象是什么？
2. 在你们国家吃到的中餐和在中国吃到的有什么不同吗？
3. 如果你连续三天午饭都订餐，你会订哪些菜？

第一天：

第二天：

第三天：

四、你觉得下面这些国家的饮食有什么特色，请说一个代表性菜名，然后分组交流有什么异同

①中国 ②日本

③韩国 ④法国

⑤德国 ⑥印度

⑦俄罗斯 ⑧美国

五、请找出本课中你觉得最好用的五个句子

1.

2.

3.

4.

5.

第四课 多出汗比什么都有效

Dì-sì kè Duō chū hàn bǐ shénme dōu yǒuxiào

热身话题

WARMING-UP EXERCISE

1. 你每周锻炼多长时间?
2. 常见的锻炼方式有哪些?
3. 你了解按摩吗?

词语

VOCABULARY

1. 一身	yìshēn	名	all over the body
			出了～汗 / 孩子把牛奶洒了～。
2. 爽	shuǎng	形	feel well and refreshed
			冲完澡真～。/ 考完试了，真～。
3. 型	xíng	名	type; pattern
			节约～社会 / 经济～轿车 / 我是自学～的，不喜欢跟人讨论。

4. 肌肉	jīròu	名	muscle
			~发达 / 练~
5. 够呛	gòuqiàng	形	unbearable; terrible
			这事~（意思是不能成功）。/ 忙（累、气、热）得~
6. 书呆子	shūdāizi	名	pedant; bookworm; nerd
			他是个~。
7. 趴	pā	动	to sleep or lie down on the belly
			~在地上 /~着睡
8. 颈椎	jǐngzhuī	名	cervical vertebra
9. 按摩	ànmó	动	massage
			~院 /~师
10. 放松	fàngsōng	动	relax
11. 奢侈	shēchǐ	形	luxurious; extravagant
			~品 / 生活~
12. 感受	gǎnshòu	名、动	experience; feel
			我没玩过这个，所以想~一下。
13. 局部	júbù	名	locality; part（as opposed to the whole）
			~利益应该服从整体利益。/ ~地区有大雨。
14. 足疗	zúliáo		foot care
			他经常做~。
15. 被动	bèidòng	形	passive; passivity
			很~/~的局面 / 变~为主动

16. 桥牌	qiáopái	名	bridge （a card game）
			打～/ 玩～
17. 象棋	xiàngqí	名	chess; Chinese chess
			一副～/ 下～
18. 场地	chǎngdì	名	ground; court
			比赛～/ 演出～
19. 敷	fū	动	apply hot （or cold） compress
			～药 / 热～/ 冷～/～面膜
20. 钻心	zuānxīn	动	feel a piercing pain
			(一阵) ～的疼痛 / 疼得～
21. 肿	zhǒng	动	swelling
			～得很厉害 / 他牙疼，脸都～了。
22. (拍) 片子	(pāi) piānzi		take an X-ray
23. 针灸	zhēnjiǔ	名	acupuncture
24. 扎针	zhā zhēn		give an acupuncture treatment
			医生给我扎了几次针以后，我的腿就能站起来了。
25. 治疗	zhìliáo	动	treat; cure
			长期～/ 及时～/ 抓紧～

课文

TEXT

情节：陈家杰和王江平两个人打完网球之后在休息处休息

1. 王江平为什么羡慕陈家杰？

2. 王江平是个什么样的人？

3. 王江平有什么问题？

陈家杰：好久没打球了，出了一身汗，真爽！

王江平：你一看就是运动型的，肌肉这么结实，我可比不了你，打这一场球，把我累得够呛。

陈家杰：你这个书呆子，要不是我拉你来，你又要在电脑前趴一天。老不锻炼，身体会出毛病的。

王江平：还真让你说对了。医生说我颈椎有毛病。对了，今天下午跟我一起去做按摩吧，好好儿放松放松。

陈家杰：按摩？真奢侈！我觉得运动就是最好的放松了。

王江平：你去感受一下就知道什么叫放松了。可以全身按摩、局部按摩，做做足疗，效果也不错。

陈家杰：是吗？那我可要去感受一下。不过按摩属于被动治疗，要想身体好，还是要多运动。

王江平：你说的有道理。我爸常对我说：管住嘴！迈开腿！我知道他说的对，不过我更喜欢安静的体育项目，什么桥牌了、象棋了，跑动的我大部分只是喜欢看，像篮球、足球什么的。我以前常打羽毛球，后来同学们都忙，没人一起打了，上网时间就越来越长了。我的生活方式确实有点问题，需要定一个运动计划。

陈家杰：想运动？我陪你。我刚刚学会一句“请人吃饭不如请人流汗”，既然你喜欢羽毛球，说干就干，咱们现在就去订场地吧。

4. 按摩有几种?

5. 陈家杰怎么看按摩和运动?

6. 王江平喜欢什么类型的体育项目?

7. 王江平的生活方式有什么问题?

情节：陈家杰打球扭了脚，王江平来看他

王江平：家杰！脚好点了吗？

陈家杰：我今天用热毛巾敷了一会儿，但好像作用不大。刚才去上课都比

8. 陈家杰用了什么治疗方法?

9. 王江平建议陈家杰做什么？

10. 陈家杰决定怎么做？

较困难，一走路就钻心地疼。

王江平：脚都肿成这样了，还去上课？要不去医院拍个片子，看看骨头有没有问题。要是骨头没事，你可以试试针灸。我以前扭过腰，扎了几次针，很快就好了，我陪你去医院吧。

陈家杰：你的经历可真丰富，什么按摩啦、足疗啦，还有针灸，你都体验了。不过要给我扎针，我可受不了。我还是先忍一忍吧，可能过两天就好了。

王江平：随你便吧，实在忍不住的时候再去看也行，只不过拖得时间久了，治疗时间也就长一些。

句式练习 SENTENCE PATTERN EXERCISES

阅读下列例句，然后用加点的部分完成对话：

1. 打这一场球，把我累得够呛。

■ “把某人 +adj./v.得够呛”，表示程度深，一般都是不满意或不希望发生的事，常用的词如“热、冷、冻、饿、气”等。
The structure “把某人 +adj./v.得够呛” indicates that sth. unpleasant or undesirable occurs to sb. to an excessive degree, often used in combination with words such as “热 hot、冷 cold、冻 freezing、饿 hungry、气 angry”.

(1) 他怎么睡了那么长时间还没醒？
(2) 你好像饿坏了？
(3) 你怎么满头大汗？

2. 要不是我拉你来，你又要在电脑前趴一天。

■ 表示假设，避免了下句中不赞同或者不希望发生的事。
This structure means “Were it not for...; But for...,” indicating that thanks to the action described in the former clause, an undesirable situation denoted in the latter clause has been avoided.

(1) 这次你的汉字都写对了，真不错！
(2) 你今天开会没迟到吧？
(3) 你差点忘了订票的事吧？

3. 我的生活方式确实有点问题，需要定一个运动计划。

■ 前一句承认有不足的地方，后一句提出一个解决办法。
The former clause admits deficiency, and the latter proposes a solution.

(1) 改变一下学习方法也许会提高效率。

(2) 你的作息（zuòxī，work and rest）时间跟别人正好相反，这可不行！

(3) 要是你不改改饮食习惯，身上的毛病会越来越多的。

4. 说干就干，咱们现在就去订场地吧。

■ "说 v.就 v."，表示马上行动。后面常用"现在、马上"呼应。
The expression "说 v.就 v." indicates to take an action with only the slightest hint of it, often used in conjunction with words such as "现在、马上"（right now; right away）in the following clause.

(1) 咱们得买点日用品了。

(2) 你们什么时候开始做计划？

(3) 咱们去看场电影怎么样？

5. 脚都肿成这样了，还去上课？

■ "都 adj./v.成这样了，还……？"表示反问，表示程度很严重，不能这样。
The structure "都 adj./v.成这样了，还……？" forms a rhetorical question which stresses that in the speaker's opinion the bad situation described in the former clause is so severe that the subject should not take the action indicated in the latter clause at all.

(1) 我没喝多，再给我倒杯酒。

(2) 我这辆车还行，凑合着骑吧。

(3) 我今天忙得饭也没吃，现在我想玩儿一会游戏。

练习

EXERCISES

一、课文中提到了哪些跟中医有关的内容，分别对什么有效？

二、你喜欢什么样的放松方式？

三、分组设计对话，说明方式和特色

1. 你想邀请朋友去一个可以放松的地方。
2. 介绍一种保持健康的方法。

四、讨论

1. 你认为现代人有哪些健康问题，应该注意什么？
2. 有人说："四十岁以前用命换钱，四十岁以后用钱换命。"你怎么看待这句话？

五、请找出本课中你觉得最好用的五个句子

1.
2.
3.
4.
5.

第五课 有趣的人和有趣的话

Dì-wǔ kè Yǒuqù de rén hé yǒuqù de huà

热身话题

WARMING-UP EXERCISE

1. 你认为什么样的人比较受欢迎?
2. 你的朋友有什么类型的?
3. 如果遇到不友好的人，你怎么办?

词语

VOCABULARY

1. 课堂	kètáng	名	classroom; class
			~讨论 /~作业
2. 姥爷	lǎoye	名	mother's father
3. 嫌	xián	动	dislike; be annoyed by
			她~吵，到图书馆学习去了。/ 他~钱少，又换了一份工作。
4. 寂寞	jìmò	形	lonely; lonesome
			感到 ~/ 怕 ~

5. 老年公寓	lǎonián gōngyù		apartment for elderly people
6. 碟子	diézi	名	plate
7. 餐巾	cānjīn	名	napkin
8. 一股脑儿	yìgǔnǎor		at one breath; completely 他把那些秘密～都说出来了。/我哥哥太懒了，总是把衣裤、鞋袜～地扔到洗衣机里一块儿洗。
9. 嘿嘿	hēihēi	拟声	sound of laughter ～一笑
10. 冲	chòng	动	facing; towards; directed at 你别～我大叫。/这次比赛我们是～着冠军去的。
11. 拳	quán	名	fist; punch 握～/打一～
12. 不甘示弱	bùgān shì ruò		refuse to admit being inferior
13. 拳击手	quánjīshǒu	名	boxer
14. 闹着玩儿	nàozhe wánr		joke; make fun 两国关系可不是（能）～的。/孩子只是～，并不是真打架。
15. 出气	chū qì		vent one's anger 碰上不顺心的事，不要拿家人～。/他把那个坏蛋打跑了，替大家出了一口气。

16. 欺负	qīfu	动	bully; treat sb. rough
			受人～/被高年级孩子～/～别人
17. 家伙	jiāhuo	名	fellow; guy
			可恶的～/这小～真可爱。
18. 拜访	bàifǎng	动	pay a visit
			我想明天去～您。
19. 分享	fēnxiǎng	动	share（joy, rights, etc.）
			～喜悦/跟朋友共同～
20. 糊涂	hútu	副	muddled; confused
			她九十岁了，但是一点也不～。/他办事太～，让人不放心。
21. 外甥	wàisheng	名	sister's son
22. 嘴快	zuǐ kuài		have a loose tongue
			她嘴太快，有什么事马上就告诉别人。
23. 愣	lèng	动	absent-minded; stupefied
			发～/～住了
24. 地道	dìdao	形	pure; typical
			地地道道/～的云南菜/他能说一口～的山东话。
25. 左撇子	zuǒpiězi	名	left-hander
			她家人都是～。
26. 幽默	yōumò	形	humorous

课文

TEXT

情节：在课堂上，每个人要介绍一个特别的人，玛莲、陈家杰分别做了介绍

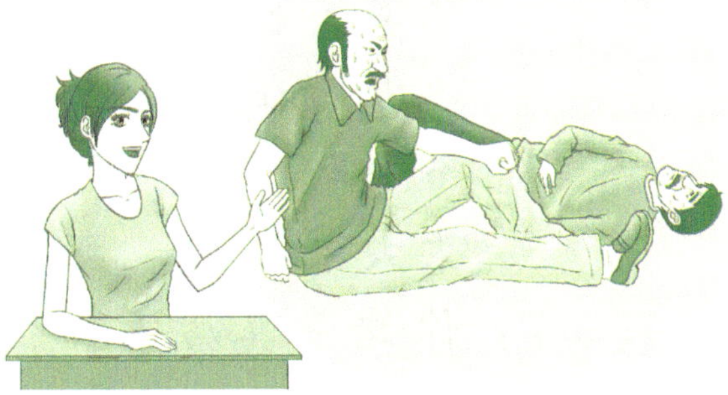

玛　莲：我想跟大家说说我的姥爷。他今年八十岁，原来跟我妈妈一起住，后来妈妈太忙，他嫌寂寞，就住到老年公寓去了。有一天，在餐厅，我姥爷正要吃饭的时候，突然走过来一个人，比我姥爷年轻得多。他把我姥爷面前的盘子、碟子、刀子、叉子，还有

1. 玛莲的姥爷为什么要住老年公寓?

2. 那个人过来干了什么？

3. 为什么两个人都躺在地上了？

4. 护士为什么感谢玛莲的姥爷？

5. 那个人被打以后，有什么改变吗？

餐巾一股脑儿地包起来拿走了，还嘿嘿地冲着我姥爷笑。我姥爷气坏了，抓住那个人就打了一拳，那个人也不甘示弱，跟我姥爷打了起来。你们知道吗？我姥爷年轻的时候当过拳击手，他这次真不客气了。打到最后，两个人都躺在了地上。那个人被我姥爷打趴下了，我姥爷也因为年纪太大累倒了。

同学甲：你姥爷真厉害！但是把人打坏了，可不是闹着玩儿的。

玛　莲：我妈妈也说，不管怎么说打人都是不对的。可是我姥爷告诉她，护士把他送回房间后，笑着说："您真有本事，替我们出了一口气。那个人太坏了，几乎所有的老人他都欺负过，还常常找护士的麻烦。"

同学乙：你姥爷做了一件好事啊！

玛　莲：是的，从那以后，那个家伙老实多了，一见我姥爷就躲得远远的。

陈家杰：有机会的话我真想拜访一下玛莲的姥爷。我要讲的不是有趣的人，而是有趣的话，是刚从一本书里看到的，我想在这里跟大家分享。

有一天作者在家休息，一个老太太打来电话，请他转告他母亲明天下午开会。他母亲听后说："真糊涂，是我刚才通知的她。"

还有一次，作者的父亲过生日，他买来一个"寿"字大蛋糕，问大家："谁知道'寿'是什么意思？"他外甥嘴很快，马上回答："'寿'就是老也死不了。"

再说一个好玩儿的。作者的一个朋友去广西北海，司机问他们从哪儿来，他们说："北京。"司机又问："北京离首都不远吧？"朋友愣了一下，说："对，挨着。"

再讲一个。电视台要办一个关于左撇子的谈话节目，有个人报名说："我坚决要求参加，我是个地道的左撇子，因为我没有右手。"

我觉得这几个人都很有意思，因为他们都很幽默，而这本书的作者一定也很特别，因为他能发现生活中的幽默。

6. 为什么说那个老太太真糊涂？

7. 外甥的话会让人怎么想？

8. 那个朋友为什么会愣一下？他的回答对吗？

9. 你觉得这个人会被选上吗？

句式练习

SENTENCE PATTERN EXERCISES

阅读下列例句，然后用加点的部分完成对话：

1. 把人打坏了，可不是闹着玩儿的。

■ 表示不能轻率、随便地对待一些人和事。
This expression means "this is no joking matter," indicating that the matter in question must not be taken lightly.

(1) 我今天不想上班，不去了。
(2) 我闭着眼睛也能开车。
(3) 孩子已经八岁了，让他自己坐地铁吧。

2. 不管怎么说打人都是不对的。

■ 表示在任何条件下，后面的结果或结论都不改变。
This structure indicates that at any terms the outcome or conclusion will not change.

(1) 房东要求我们十一点必须关灯睡觉，太不自由了。
(2) 我讨厌他这样做，怎么不能骂他？
(3) 请你再考虑考虑我们的要求吧。

3. 从那以后，那个家伙老实多了，一见我姥爷就躲得远远的。

■ "从那以后"，表示从那件事发生之后，有了新的变化。
"从那以后" means "from then on; since then." "那" refers to a turning point that changes things.

(1) 他们两个人的关系后来怎么样了？

(2) 他上次开快车出事，现在开车还那么快吗？

(3) 上次她犯心脏病没带药，可真危险。

4. "寿"就是老也死不了。

■ 用于强调说明或解释某个词语或说法的意思。
"就是" is used to define a word or expression.

(1) "糊涂"是什么意思？

(2) 什么是"左撇子"？

(3) 为什么要把那个人叫"那个家伙"？"家伙"是什么意思？

5. 我是个地道的左撇子，因为我没有右手。

■ 后面的句子用来解释原因，表示强调。
The clause following "因为" indicates the reason or cause.

(1) 你是哪里人？

(2) 她父亲是做什么的？

(3) 她要求对方"三高"：高个子、高学历、高收入，你能达到这些要求吗？

练习 EXERCISES

一、下面这些词语可能表示什么意思，什么时候用？

1. 跟笑声相关的词：嘿嘿嘿、哈哈哈、呵呵呵（hēhēhē）、嘻嘻嘻（xīxīxī）

2. 跟嘴相关的词：嘴快、嘴紧、嘴硬、嘴严（yán）

3. 跟死相关的词：去世、逝世（shìshì）、完了、没了、走了

二、下面是一些幽默的表达，你觉得有道理吗？请你补充一两句

1. 广告就是告诉别人，他的钱还可以这么花。
2. 成功就是站起比倒下多一次。
3. 买保险，用不上时痛苦，用上时更痛苦。
4. 年龄必须比我大，哪怕只大一天；身高必须比我高，哪怕只高一厘米；收入必须比我强，哪怕只多一分钱。（某女对男方的要求）

你的句子：

三、你遇到过特别可笑或者特别可气的人或事吗？

四、在学外语的过程中你或你的朋友闹过笑话吗？

五、请找出本课中你觉得最好用的五个句子

1.
2.
3.
4.
5.

第六课 你是怎么来的？

Dì-liù kè Nǐ shì zěnme lái de?

热身话题

WARMING-UP EXERCISE

1. 你常坐什么交通工具？
2. 堵车时间长时你会做什么？
3. 你认为有什么好办法可以解决交通问题？

词语

VOCABULARY

1. 嗨	hāi	叹	(used to call attention) hey
2. 地铁	dìtiě	名	subway
3. 实习	shíxí	动、名	intern ~生/~单位
4. 公交（车）	gōngjiāo (chē)	名	public bus

5. 加班	jiā bān		work overtime; work an extra shift ～费 / 加了两个小时的班
6. 空座	kòngzuò	名	unoccupied seat 找了个～坐下。
7. 打盹儿	dǎ dǔnr		doze off ; take a nap 打了一个盹儿 / 打一会儿盹儿
8. 坐过站	zuò guò zhàn		miss a stop
9. 省事	shěng shì		save trouble; simplify matters 吃方便面很～。/ 朋友帮忙办手续，省了不少事。
10.（白）开水	（bái）kāishuǐ	名	（plain）boiled water
11. 速溶（咖啡）	sùróng（kāfēi）	形	instant（coffee）
12. 蒸汽	zhēngqì	名	vapour; steam
13. 泡沫	pàomò	名	foam; froth 起～
14. 哇	wā	拟声	wow
15. 首选	shǒuxuǎn	动	primary choice 她的～专业是金融学。/ 如果去旅行，你～哪个城市？

16. 配	pèi	动	match; go well together with
			绿叶～红花／这套西装应该～一条鲜艳的领带。
17. 松饼	sōngbǐng	名	muffin; puff pastry
18. 不愧	búkuì	副	be worthy of ; deserve to be called
			～为…/～是…
19. 哟	yō	叹	Oh（expressing slight surprise）
20. 幸亏	xìngkuī	副	fortunately; luckily
			～你提醒了我，不然我肯定迟到了。
21. 一塌糊涂	yítāhútú		in a complete mess
			哭得～/房间里乱（弄）得～。
22. 一举两得	yì jǔ liǎng dé		kill two birds with one stone
23. 规划	guīhuà	名、动	plan; blueprint
			人生～/城市～/～未来
24. 纸上谈兵	zhǐ shàng tán bīng		make unrealistic plans; engage in idle theorizing (original meaning: discuss combat strategies on paper)
25. 公务员	gōngwùyuán	名	public servant; government employee

26. 加倍	jiābèi	形	double; redouble
			～努力（珍惜、小心）

专有名词

1. 巴西圣多斯	Bāxī Shèngduōsī	Brazilian Santos coffee
2. 卡布奇诺	Kǎbùqínuò	cappuccino
3. 维也纳冰咖啡	Wéiyěnà Bīngkāfēi	Wiener eis kaffee
4. 冰摩卡	Bīngmókǎ	iced mochaccino
5. 说曹操，曹操到	Shuō Cáo Cāo, Cáo Cāo Dào	Talk of the devil and in he walks.
曹操	Cáo Cāo	a warlord, strategist, and poet who rose to great power during the Eastern Han Dynasty's final years

课文 TEXT

情节：陈家杰、和悦、龙马、戴婷婷约好在一家咖啡厅见面，陈家杰先到。

陈家杰：（看见戴婷婷，叫道）嗨，婷婷！这儿！

戴婷婷：家杰，他们还没到啊？我还担心迟到呢，还好，我不是最后一个。

陈家杰：你是怎么来的？打车吗？

戴婷婷：这个时间谁敢打车啊？坐地铁最合适。只是现在我在公司实习，公司离地铁比较远，我又是公交又是地铁的才过来。我昨天加班睡得晚，今天上了地铁正好有个空座，我一坐下就打盹儿，结果差点坐过站。

陈家杰：真不容易啊。咱们几个人里，我住的最近，所以也最省事。快坐吧，你要什么咖啡？

戴婷婷：我平时总是喝白开水，连茶都很少喝。咖啡我只喝过速溶的，煮的咖啡是很香，不过说实话我怕麻烦，也不大懂，我跟你喝一样的就行。

陈家杰：你看这上面都写着中文名字的，每种咖啡都有不同的特点。我要的是巴西圣多斯，你来一杯卡布奇诺吧。卡布奇诺是三分之一咖啡，三分之一蒸汽牛奶和三分之一泡沫牛奶。

1. 戴婷婷是第几个到的？

2. 戴婷婷在地铁里怎么了？

3. 陈家杰为什么来得最早？

4. 戴婷婷喜欢喝咖啡吗？

5. 陈家杰给戴婷婷推荐的是什么咖啡？

6. “咖啡大王”是什么意思？

7. 龙马为什么来晚了？

8. 和悦为什么要走路来？

戴婷婷：哇，这么多讲究啊。不过我想来杯凉咖啡，越凉越好。

陈家杰：那维也纳冰咖啡是首选，泰式冰咖啡或者冰摩卡也不错，配上点松饼，又香又甜。

戴婷婷：你真不愧是“咖啡大王”，我现在才知道大家为什么这么叫你了。

陈家杰：哪里哪里！我算不上懂咖啡，只是喝得比较多而已。哟！龙马他们来了。

龙　马：抱歉让你们久等了。我对路不熟，怕耽误时间，就打了一辆车。今天不知为什么车特别难打，幸亏我提前一个多小时就出来了。

戴婷婷：你也不容易啊！和悦怎么还没到？她发短信说会准时来的。（突然看到和悦）哟，说曹操，曹操到！和悦，你不会是走路来的吧？

和　悦：真让你猜对了，我就是走过来的。你们三个都到了，就等我了，真是不好意思。我来的时候路上堵得一塌糊涂，车都走不动，正好走走路，就当锻炼了，一举两得。

陈家杰：和悦，你是学城市管理的，将来你得好好儿规划一下城市交通。

和　悦：呵呵，我现在只会纸上谈兵。不过我也在实习，要是能考上公务员，我一定加倍努力工作，彻底解决交通问题。

9. 和悦有什么愿望？

句式练习 SENTENCE PATTERN EXERCISES

阅读下列例句，然后用加点的部分完成对话：

1. 我还担心迟到呢，还好，我不是最后一个。

■ “还好”，表示虽然不完全满意，但结果还不算坏。
“还好” means “no so bad; fortunately,” indicating that the result is less than ideal, but better than bad.

(1) 听说你钱包丢了，你是怎么回来的？
(2) 你申请的那几所学校都没有消息吗？
(3) 你是不是什么吃的东西都没有了？

2. 这个时间谁敢打车啊？

■ 反问，表示否定。意思是这个时间堵车很厉害，没有人敢打车走。
This structure forms a rhetorical question emphasizing the gravity of a situation. The above sentence means that the rush-hour traffic jam thwarts travelers’ attempt to take a taxi.

(1) 雪这么大能开车吗？

(2) 加油的时候真的不能打手机吗？
(3) 冬天你能到河里游泳吗？

3. 今天不知为什么车特别难打，幸亏我提前一个多小时就出来了。

■ 前一句表示不明白为什么会发生这样不如意的事，后一句庆幸由于做了某件事而使结果不太严重。
"今天不知为什么" indicates that the speaker does not understand why an undesirable event is taking place; "幸亏" shows that the speaker feels happy that his/her doing has somehow lessened its damage.

(1) 你怎么不用自己的手机打电话？
(2) 你怎么不停地喝咖啡啊？
(3) 你今天怎么没上网啊？

4. 真让你猜对了，我就是走过来的。

■ 强调对方的猜测正确，确实是这样。
This expression means "You guessed right; Indeed."

(1) 难道你想自己开一家咖啡店吗？
(2) 她要结婚了吗？
(3) 你不会是出门忘带钱了吧？

5. 你们三个都到了，就等我了。

■ "就"的意思是"只"，表示只剩下一件事没有完成。
"就" has the same meaning with "只", indicating that only one thing is left to be done.

(1) 这些书你都看完了吗？

(2) 东西都准备好了吧？

(3) 是不是所有人都同意了？

练习 EXERCISES

一、课文中提到了哪几种咖啡？如果让你给大家推荐一种咖啡（或饮料），你会推荐哪一种？说说它的特色

二、根据课文内容，说说每个人是怎么到咖啡厅的

人物	交通工具	原因	出行过程	到达时间
戴婷婷				
陈家杰				
和悦				
龙马				

三、分组设计对话

1. 你要赶到某个地方和朋友见面，向人问路（位置、路线、交通工具、所需时间等）。
2. 约朋友见面（说明自己出行的困难，商量见面的时间和地点）。
3. 因为交通问题你无法按时和朋友见面，打电话说明情况。

四、下面是一些出行路线，请结合实际情况，说明有哪些出行方式，最佳方式是什么？

从北京到上海

从你的住处到火车站

从你家到最近的飞机场

从你家到你所在的大学

五、请找出本课中你觉得最好用的五个句子

1.

2.

3.

4.

5.

第七课　得 好好儿 玩儿 玩儿
Dì-qī kè　Děi hǎohāor wánr wanr

热身话题
WARMING-UP EXERCISE

1. 你周末一般怎么过?
2. 你去旅行时通常采用什么方式?
3. 如果你有几天的假期，你会怎么安排?

词语
VOCABULARY

1. 预售	yùshòu	动	presell
			~十日内车票/我买的是~票。
2. 返回	fǎnhuí	动	return to
3. 航班	hángbān	名	flight
			一趟~/由于天气原因，上午的~取消了。
4. 返程	fǎn chéng	名、动	return trip
			~票/~高峰

5. 前后	qiánhòu	名	altogether
			我跟他～一起工作过三个月。/我毕业论文～写了十几稿。
6. 假期	jiàqī	名	vacation; holidays and paid leaves
7. 搭（车）	dā	动	get a ride（bus, ship, etc.）
			我能～你的车一起走吗？
8. 顺风车	shùnfēngchē	名	free ride
			今天我搭～回家。
9. 世界文化遗产	shìjiè wénhuà yíchǎn	名	a UNESCO World Heritage Site
10. 排队	pái duì		queue up; line up
			请～上车。/我排了一个小时队才买到票。
11. 拐弯儿	guǎi wānr		turn; change direction
			汽车～的时候要减速。/再拐一个弯儿就到了。
12. 合算	hésuàn	形	worthwhile; be a good deal
			住十天买一辆新自行车，不～。
13. 不虚此行	bù xū cǐ xíng		a rewarding trip
14. 导游	dǎoyóu	名	tour guide
			她是我们的～。

15. 惯用语	guànyòngyǔ	名	idiomatic expression
16. 俗语	súyǔ	名	common saying; slang
17. 酷	kù	形	cool 穿（跳）得很~/他会四国语言，真~!
18. 表现	biǎoxiàn	名、动	show; perform 好好儿~一下/能不能通过，要看你的~了。
19. 闲不住	xián bu zhù		(of a person) cannot bear to be idle 老李是个~的人，不会老呆在家里的。
20. 名胜古迹	míngshèng gǔjì		famous historic and cultural sites
21. 徒步	túbù	副	(travel) on foot; hiking 周末一般都会去~。/他~20多公里，来到一个小县城。
22. 魔鬼	móguǐ	名	devil; demon; monster
23. 典型	diǎnxíng	名、形	typical; model ~人物/他是~的东北人。
24. 背包客	bēibāokè	名	backpacker
25. 玩家	wánjiā	名	player; gamer 这款游戏吸引了无数~。

专有名词

1. 大连	Dàlián	Dalian（city in Liaoning Province）
2. 苏州	Sūzhōu	Suzhou（city in Jiangsu Province）
3. 杭州	Hángzhōu	Hangzhou/Hangchow(capital of Zhejiang Province)
4. 东方明珠塔	Dōngfāng Míngzhū Tǎ	The Oriental Pearl Tower（in Shanghai）
5. 喀斯特地貌	Kāsītè dìmào	Karst landscape
6. 内蒙古	Nèiměnggǔ	Inner Mongolia Uygur Autonomous Region

课文 TEXT

一　订票

情节：陈家杰想去大连，来到预售处

陈家杰：订三张30号下午到大连，5号返回的票。

售票员：请稍等。30号去大连的飞机票只剩一张了，同一趟航班的返程票也只有两张。

陈家杰：那不行啊，我们是一起走的，最好是同去同回。

售票员：要不你们1号走？1号下午的飞机，还有几张票。4号返回的票没有问题。

陈家杰：晚走的话太耽误时间，前后两天的假期就浪费了，这哪儿行？我们再商量商量吧。

（陈家杰给王江平打电话）

陈家杰：喂，江平。现在机票不好买啊！……什么？坐火车？也行啊！哪儿有票呢？……坐长途汽车？太辛苦了吧？……有人开车回大连啊，不过我们人比较多，可能搭不上顺风车。……好好，你再问问吧，我等你消息。

1. 票的情况怎么样？

2. 陈家杰同意售票员的建议吗？

3. 王江平和陈家杰在谈什么？你能补上王江平的话吗？

二　旅行建议

情节：玛莲和龙马一起去食堂，谈起假期旅行

4. 玛莲有什么计划？

5. 玛莲他们的路线是什么？

6. 龙马他们为什么到东方明珠塔上去吃饭？

玛　莲：终于可以有几天假期了！我下午要去机场接我父母，然后陪他们去旅行，我们要好好儿转一转。

龙　马：那一定够你忙的。我父母前段时间来过，我陪着他们转了一个星期呢。你们都去什么地方啊？

玛　莲：因为时间不长，我们先到苏州，再到杭州，然后到上海，最后他们从香港回国。你们也去上海了吧？

龙　马：对，我们去转了几个世界文化遗产，上海我们也去了。我们想到东方明珠塔去参观，哪想到排队的人拐了好几个弯儿。我们听说在塔上吃饭的话可以不排队直接上去，能省很多时间，价格还比较合算，所以我们就在上海最高的塔上看着上海的风景吃了一顿地道的中国饭。我们都觉得不虚此行。

玛　莲：你有机会说汉语吗？

龙　马：导游跟我父母说英语，跟我说汉语，我的汉语进步不小，学了不少惯用语和俗语，我父母虽然听不懂汉语，但是觉得我说汉语特别酷。这次你父母来，你要好好儿表现啊！

7. 龙马的汉语有哪些进步？

玛　莲：没问题，看我的！他们来中国全靠我了。对了，你假期去哪儿？你可是个闲不住的人啊。

龙　马：我已经去看过一些名胜古迹了，这次我想去徒步和爬山。有一条线是去内蒙古草原，还有一条线是去河南云台山。我最想去新疆的“魔鬼城”，那里是典型的喀斯特地貌，不过太远了时间不够。一般人都不知道这些地方，但对背包客来说很有名。

8. 龙马选择去哪里？

玛　莲：真不愧是个大玩家，怪不得一到周末就看不到你了。

句式练习
SENTENCE PATTERN EXERCISES

阅读下列例句，然后用加点的部分完成对话：

1. 那不行啊，我们是一起走的，最好是同去同回。

■ 对某种建议和做法提出否定，后面常给出理由，说明为什么。
A way to rejects someone's suggestion or decision. The followup sentence gives an reason.

(1) 如果买不到星期天的票，星期一回来行不行？
(2) 火车票不好买，就买飞机票吧。
(3) 行李太多了，这些东西别带了。

2. 前后两天的假期就浪费了，这哪儿行？

■ 反问，表示否定，意思是“不行”。
This expression forms a rhetorical question meaning an absolute “no”.

(1) 他说有事，不想跟大家一起走。
(2) 这次旅行一个人一千块，不包食宿。
(3) 他每天都工作到半夜一两点。

3. 我们想到东方明珠塔去参观，哪想到排队的人拐了好几个弯儿。

■ “哪想到……”，反问形式，意思是没想到，表示意外。
“哪想到……” expresses the idea of “没想到……” in the form of a rhetorical question, meaning “Who would have expected that...; little dreamt of...”.

(1) 你买到音乐会的票了吗？
(2) 你们昨天晚上玩得好吗？

(3) 你的论文昨天真的写完了？

4. 没问题，看我的！他们来中国全靠我了。

■ "看我的"，表示有充分的自信，让别人看自己的行动。
"看我的" means "(I'll take care of it.) Just watch me!", indicating great confidence on the speaker's part to accomplish something.

(1) 这么多客人，晚饭准备得出来吗？
(2) 这首歌是三个人唱的，你一个人唱得了吗？
(3) 这么破的自行车，你有办法修吗？

5. 真不愧是个大玩家，怪不得一到周末就看不到你了。

■ "真不愧……"表示称赞对方名副其实，"怪不得……"表示了解了某件事的原因后，不再感到奇怪。
"真不愧……" means "be worthy of the name of...; truly deserve to be called...; live up to the reputation of...". "怪不得……" means "No wonder...; That explains why...," indicating that given the circumstances, something is not surprising to the speaker.

(1) 你看我又买了一些登山用的东西。
(2) 我跟她谈了以后，她不再反对我们了。
(3) 我把你的电脑修好了，现在没有问题了。

练习 EXERCISES

一、下面是一些出行方式，你利用过哪些方式？去哪里旅行过？

坐火车　乘船　开车　坐长途汽车　搭顺风车

二、课文中提到了几条旅游线路，请查一下资料，说说那里为什么值得一去？

内蒙古草原：

河南云台山：

新疆的“魔鬼城”：

三、讨论

1. 在你们国家有哪些法定假期？哪个假期交通最拥挤？
2. 你知道中国什么假期交通最拥挤吗？原因是什么？
3. 按时间顺序列出一个中国的法定假期表。看看你能利用哪个假期出行。

(提示：春节、国庆节、劳动节、中秋节、元旦、清明节、端午节)

四、分组设计旅行方案，看谁的方案最能被大家接受

参考因素：交通、费用、日程、订票、住宿、景点等

1. 两天的旅行方案
2. 三天的旅行方案

五、请找出本课中你觉得最好用的五个句子

1.

2.

3.

4.

5.

第八课　特殊 的 爱好

Dì-bā kè　Tèshū de àihào

热身话题

WARMING-UP EXERCISE

1. 你喜欢收集什么东西?
2. 你觉得中国的什么东西适合做礼物?
3. 你收到过什么有特色的礼物?

词语

VOCABULARY

1. 博士生	bóshìshēng	名	Ph.D candidate
2. 再说	zàishuō	连	what's more; besides
			做饭很麻烦，～我也不饿，别做了。
3. 项链	xiàngliàn	名	necklace
			戴了一条～
4. 别致	biézhì	形	unique; interesting and novel
			～的设计 / 她围围巾的方法

			很～。
5. 贵重	guìzhòng	形	valuable; precious
			请带好～物品。
6. 眼力	yǎnlì	名	judgment; discrimination
			有～/～好
7. 考察	kǎochá	动	inspect; investigate
			～工作情况 / 进行～
8. 首饰	shǒushì	名	jewelry
			盒子里装了几件～。
9. 纸币	zhǐbì	名	paper money
10. 面额	miàn'é	名	denomination
			大～/ 一张～10元的纸币。
11. 珍贵	zhēnguì	形	valuable; precious
			～的礼物 / 这是我唯一的小学毕业照，非常～。
12. 收藏	shōucáng	动	collect; store up
			林先生喜欢～门票。/ 这些东西没有～价值。
13. 版	bǎn	名	version; edition
			新～/ 老～/ 旧～/ 原～电影
14. 小型	xiǎoxíng	形	small-scale; miniature
			～汽车 /～会议
15. 结交	jiéjiāo	动	make friends with
			～朋友
16. 宝贝	bǎobèi	名	treasure; darling
			那几条鱼是他的～，他一定要亲自喂。/ 她每天都要谈

			~儿子。
17. 口气	kǒuqì	名	tone; implication; manner of speaking
			他说要拿第一名，~真不小！/听你的~，好像不愿意？
18. 集币	jí bì		collect currency
19. 无声无息	wú shēng wú xī		silently; quietly
20. 总	zǒng	副	always; consistently
			我~觉得有点不正常，可是又找不出来原因。/我~想去趟南极。
21. 赛车	sài chē	动、名	automobile race
22. 受伤	shòu shāng		be wounded; be injured
			避免~/受重伤/受了点儿轻伤
23. 剪纸	jiǎnzhǐ	名	paper-cut; scissors-cut
24. 剪	jiǎn	动	cut（with scissors）
			~断/~成两半
25. 夸	kuā	动	praise
			人们都~这孩子聪明。/老王卖瓜，自卖自~。

专有名词

津巴布韦	Jīnbābùwéi	Zimbabwe（a country name）

课文 TEXT

情节：语言研究所的博士生李文文请龙马和正在中国进行研究的梅丽喝咖啡

1. 他们帮李文文做了什么事？
2. 梅丽的项链有什么来历？
3. 梅丽的朋友送了她什么礼物？

李文文： 非常感谢你们二位花时间参加我的语音调查。

梅　丽： 你别客气，能帮助你我们很高兴，再说我们也有机会认识了更多的中国朋友啊。

李文文： 刚才我就注意到了，你这条项链很别致，一定很贵重吧？

梅　丽： 你真有眼力！这是我去津巴布韦考察的时候一个朋友送给我的。他们没有孩子，朋友的太太年龄大了，有些首饰戴着不合适了，就送给我了。这是手工做的，现在就是想买也买不到了。他们还送给我一大笔钱！真的是一大笔！是一套纸币，最大面额是 1 后面有 14 个 0，我不知道中文应该怎么说，一百万亿？这套纸币现在停用了。

龙　马：这么大面额的纸币，那太珍贵了！我父亲就喜欢收藏这种东西。我去过不少国家，每次回国，不给父亲别的礼物，就带一些当地的纸币和硬币。他特别高兴。他不光收集现代的，还喜欢收集一些国家的古代货币，这次我来中国，他就让我尽量帮他收集一些老版的人民币。他还开过几次小型展览，还因此结交了不少朋友呢。

梅　丽：我要是有机会到你们国家去的话，一定去看看你父亲的宝贝。

龙　马：那太欢迎了！我父亲最喜欢让人分享他的快乐，一有人来，他就说个没完。

李文文：听你的口气，你不大喜欢集币？

龙　马：那倒不是，不过每天看着那些无声无息的钱币总觉得太寂寞了一点。我好动，喜欢爬山啊，徒步

4. 龙马每次回国给父亲带什么礼物？

5. 龙马这次要帮父亲找什么？

6. 龙马的父亲喜欢做什么？

7. 龙马喜欢什么？

旅行什么的。我来中国前还迷上了赛车，一坐进车里就什么都忘了。

梅　丽：那你是不是常常受伤？

龙　马：看来你没赛过车吧？

梅　丽：怎么没赛过车啊！不过我是在网上玩儿的。我喜欢安静的活动，最近在学习剪纸。对了，回头给你们剪个人物像吧。剪得像了，就夸我几句；剪得不像，你们也别生气，就当是玩儿吧。

8. 梅丽的爱好是什么？

李文文：你手真巧！我有个主意，你剪一套中国的人民币送给龙马的父亲，也是一个很好的纪念啊。

9. 梅丽同意文文的建议吗？

梅　丽：那太复杂了，还不如干脆送一套真的呢！

句式练习

SENTENCE PATTERN EXERCISES

阅读下列例句，然后用加点的部分完成对话：

1. 能帮助你我们很高兴，再说我们也有机会认识了更多的中国朋友啊。

■ "再说"，补充情况，追加一个原因，强调这样做有充分的理由。"再说" introduces an addition reason which further justifies the situation or action described earlier.

(1) 你为什么要当志愿者（zhìyuànzhě，volunteer）？
(2) 你怎么那么喜欢做饭？
(3) 你为什么会放弃这个公司呢？

2. 这是手工做的，现在就是想买也买不到了。

■ “就是……也……”的意思是“即使……也……”，表示假设，常用于口语中。
“就是……也……” is similar to “即使……也……”, except that the former is often used in spoken language. The structure can be translated as “even if.”

(1) 时间还来得及吗？
(2) 现在我终于有时间了，咱们去看一场他们的演出吧。
(3) 你不是每次都住那家酒店吗？

3. 我父亲就喜欢收藏这种东西。

■ “就”，重读，加强肯定或否定语气。这句话强调只做这个，不做别的。
The adverb “就” is used to indicate agreement that what has just been said is true or correct.

(1) 周先生除了画山水，还画花鸟吗？
(2) 马经理喜欢喝什么酒？
(3) 你现在看什么比赛？

4. 一有人来，他就说个没完。

■ “v.+ 个没完”，表示某个动作或事情一直持续，不能结束；常带有不满或埋怨的语气。
“v.+ 个没完” indicates the continuation of an action or event, often expressing a disapproving or resentful attitude on the speaker’s part.

(1) 他是不是特别喜欢去歌厅？
(2) 你为什么那么反对她上网？
(3) 林太太最喜欢看什么节目？

5. 那倒不是，不过每天看着那些无声无息的钱币总觉得太寂寞了一点。

■ "那倒不是"，委婉否定对方的意见，后一句说明自己的看法。
"那倒不是"（"It's not that"） is used to gently deny the opposite party's view. The latter clause gives the speaker's own alternative view.

(1) 你不喜欢每天都和家人在一起吃饭吗？
(2) 你是不是不想聊这个话题？
(3) 你讨厌现在的工作吗？

练习 EXERCISES

一、你认为下面哪些东西可以收藏？

火柴盒　报纸　钥匙　筷子　纽扣　酒瓶　飞机
汽车　鲨鱼（shāyú，shark）　眼镜　树根　水

二、你有特别的收藏品吗？你的朋友有比较特别的收藏品吗？请给大家介绍一下

三、请每个人说说自己的爱好，然后大家评价一下谁的爱好最特别

四、你参观过小型私人博物馆吗？有哪些类型？

五、请找出本课中你觉得最好用的五个句子

1.
2.
3.
4.
5.

第九课 我 喝 不 惯 那个 味儿

Dì-jiǔ kè Wǒ hē bu guàn nàge wèir

热身话题

WARMING-UP EXERCISE

1. 酒有哪些类型?
2. 你比较喜欢喝什么酒?
3. 被人劝酒时你会怎么做?

词语

VOCABULARY

1. 惯	guàn	形	accustomed to; used to
			他过～了舒服日子，吃不了苦。
2. 味儿	wèir	名	flavor; taste
			饭（烟、酒）～/ 一股怪～/ 她闻不惯那个～。
3. 设	shè	动	set up; arrange; establish
			～宴招待 / 公司～了两个会计岗位。

4. 家宴	jiāyàn	名	family dinner
5. 难得	nándé	形	hard to come by; rare
			十分~/~交到这么好的朋友。
6. 勉强	miǎnqiǎng	副	manage with an effort; do with difficulty
			他不舒服，只~吃了点东西。/他的体育课勉勉强强及格了。
7. 做客	zuò kè		to be a guest or visitor
			去朋友家~/做过一次客
8. 一再	yízài	副	again and again
			医生~告诫他要戒酒。/他~犯同样的错误。
9. 难以	nányǐ	副	difficult to（followed by a bisyllabic verb）
			~接受（回答、拒绝、决定）/心情~平静/感激之情~用语言表达。
10. 好在	hǎozài	副	fortunately; luckily
			钱包丢了，~里面没钱。/我没带钥匙，~同屋在家。
11. 联络	liánluò	动、名	contact; keep in contact
			失去~/~感情/每周~一次
12. 应酬	yìngchou	动	social intercourse
			~客人/他几乎每天都

			有～，不能按时回家。
13. 海量	hǎiliàng	名	great capacity for liquor
			他是～，别人都喝不过他。
14. 逢年过节	féngnián guòjié		On the New Year's Day or other festivals
			～他都要去看望父母。
15. 聚会	jùhuì	名	party; get-together; social gathering
			生日～/同学～/参加～
16. 硬着头皮	yìngzhe tóupí		brace（force）oneself to do sth.; summon up courage to do sth.
			没准备好，～去面试。/我今天～跟人借了一笔钱。
17. 酒量	jiǔliàng	名	capacity for liquor
			～大/好～
18. 冒充	màochōng	动	pretend to be; pass sb. or sth. off as
			这个骗子～警察干了不少坏事。
19. 白酒	báijiǔ	名	spirit（usu. distilled from sorghum or maize）; Chinese liquor
20. 明明	míngmíng	副	obviously; undeniably
			他～说过这句话，现在却不承认了。

21. 绝不	juébù	副	definitely not; by no means
			～可能 /～相信 / 事情～会像你说的那样。
22. 昂贵	ángguì	形	expensive; costly
			指价格特别高的：～的首饰
23. 品	pǐn	动	to taste sth. with discrimination; savor
			～酒（茶）/ 好酒需要慢慢～。
24. 美味	měiwèi	名	delicacy; dainty
			享受～/～佳肴
25. 随意	suíyì	副	as one pleases; as one wishes
			大家～一点，选自己喜欢的吃。/ 不要～改变决定。
26. 规格	guīgé	名	standard; requirement
			这次接待客人～很高。/ 这是一家普通～的宾馆。/ 这些产品符合～要求。

专有名词

1. 雪碧	Xuěbì	Sprite
2. "人头马"	Réntóumǎ	Rémy Martin XO

课文 TEXT

地点：王鲁川家
人物：王鲁川、陈家杰、玛莲、龙马、王鲁川的女儿王杨、侄子王江平
情节：王鲁川设家宴请大家吃饭

1. 王鲁川为什么要劝大家多喝酒?

2. 陈家杰是怎么拒绝喝酒的?

3. 玛莲去做客时发生过什么事?

王鲁川：来来，大家再把这杯干了吧，这是中国最好的酒，难得喝到啊！

王　杨：爸爸，您已经喝得很多了，少喝点吧，菜还没怎么吃呢。

王鲁川：今天大家聚在一起多高兴啊，哪能不喝呢！

陈家杰：这酒真不错，不过我已经喝得差不多了，不能再喝了。

玛　莲：不能喝就别勉强喝了。我发现中

国的酒文化很特别，上周我和男朋友去一个中国朋友家做客，主人一再提议“干杯”，我们实在难以拒绝，我男朋友干了一杯又一杯，好在我是女的，他们没有太劝我。在我们国家，如果劝了两三次人家也不喝，就不能再劝了。我男朋友说在这里别的都好，就是这一条让他受不了。

王　杨：是啊！劝烟不好，劝酒也不好。人家想喝就喝点，不想喝就算了。这样多文明啊！

王江平：各国有各国的酒文化。在中国，劝酒是热情的表现，也是联络感情的一种方式。说实在的，我也不太喜欢喝，可是为了应酬，又不得不喝一点。我们王家的人都是海量，逢年过节都要痛痛快快地喝，可是我母亲江家的人就不行，一喝就晕。要是碰上同学、朋友聚会，我也会硬着头皮喝一点，现在我也稍微有点酒量了。不过现在年轻人倒是不像中老年人那么劝酒了，有时候人们用雪碧冒充白酒，用茶水冒充啤酒，大家明明知道也只是笑一笑。

4. 玛莲的男朋友对这里印象怎么样？

5. 王杨怎么看劝酒？

6. 王江平怎么看劝酒？

7. 王江平的酒量怎么样？

8. 一些年轻人怎么避免多喝酒？

9. 龙马提到的那个司机对外国人有什么印象？

10. 外国人喝酒怎么样？

11. 王鲁川为什么没喝XO？

12. 玛莲怎么评价家宴？

龙　马：我发现中国的酒广告很喜欢用外国人。有个司机问我："是不是你们外国人都很能喝，而且喝的酒都不便宜？比如那个'人头马XO'。"我说："也不是所有人都很能喝，而且我们也绝不可能一晚上就把那么一瓶昂贵的酒喝光，不一点一点地喝，怎么能品出酒的美味呢？"

王鲁川：说到XO，我家还有一瓶呢，不过我有点喝不惯那个味儿。酒就随意吧。来，吃菜吃菜。杨杨，到厨房去看看你妈妈要不要帮忙。

王　杨：好，我去帮忙。

玛　莲：现在人们请客都是到饭店去，今天我们能到家里来吃一顿家宴，规格比较高啊！只是辛苦阿姨了！

句式练习
SENTENCE PATTERN EXERCISES

阅读下列例句，然后用加点的部分完成对话：

1. 少喝点吧，菜还没怎么吃呢。

■ “少 +v.点吧”，劝别人少做或不做某事，“还没怎么 +v.呢”表示某件事还没有开始进行。后一句表示原因。

The expression “少 +v.点吧” is used to encourage sb. to do sth. less. The expression “还没怎么 +v.呢” indicates that sth. has not quite started yet.

(1) 咱们聊完天再干活儿吧。
(2) 我想看会儿电视再写作业。
(3) 打完游戏再收拾行李吧。

2. 在这里别的都好，就是这一条让他受不了。

■ 其他的都好，只有一件事情不如意。

This expression indicates that everything is perfect except for one thing.

(1) 我的发音最大的问题是什么？
(2) 他这个人怎么样？
(3) 你觉得这个城市有什么问题？

3. 说实在的，我也不太喜欢喝，可是为了应酬，又不得不喝一点。

■ “说实在的”，用于对关系比较近的人，说明自己内心真实的想法。后句说明不得不这样做。

“说实在的” means “actually; to tell the truth; to be frank with you,” expressing the speaker’s honest opinion, often a contradictory one. The following clause explains that the speaker feels obliged to do so despite his/her true opinion.

(1) 看来你真是爱她啊！每天都要送她一大束花。

(2) 没想到你跟你儿子都这么喜欢看卡通片。

(3) 你怎么天天熬夜啊？

4. 要是碰上同学、朋友聚会，我也会硬着头皮喝一点。

■ 表示自己很怕这样做，但在某些场合下没有办法，只好强迫自己去做。

“硬着头皮 +v.”（literally meaning: “to toughen one’s scalp”）can be understood as “to brace oneself to do sth. （against one’s will); to steel oneself (for ordeal); to summon up courage to do sth.,” indicating that one is reluctant or afraid to do sth., but under the circumstances has no choice but to force oneself to do it.

(1) 你从来都不唱歌吗？

(2) 什么情况下你会向别人借钱？

(3) 不论条件怎样你都不去跟老板谈吗？

5. 不一点一点地喝，怎么能品出酒的美味呢？

■ 在这里，“不” = “如果不”，表示假设，“怎么能”为反问，表示否定。这句话的意思是：如果不慢慢喝，就不能品出酒的美味来。
“不” is equivalent to “如果不” (If not), indicating hypothesis. “怎么能” introduces a rhetorical question to emphasize negation. The above sentence can be understood as “If one doesn't drink slowly, one can't savor the delicacy of liquor.”

(1) 你怎么一句一句地听这首歌呢？
(2) 这幅画你怎么看个没完？
(3) 你怎么问了人家那么多问题？

练习 EXERCISES

一、下面一些表达跟酒有关，请猜一猜它们的意思

1. 酒鬼
2. 酒仙
3. 酒肉朋友
4. 敬酒不吃吃罚酒
5. 感情浅舔（tiǎn，lick）一舔，感情深一口闷（mēn，cover tightly）
6. 酒逢知己（zhījǐ，bosom friend）千杯少，话不投机（tóujī，congenial；agreeable）半句多

二、在你的印象里，你认为下面哪些国家的人比较爱喝酒？爱喝什么酒？

中国　俄罗斯　韩国　日本　法国　英国　美国　德国　……

三、在中国各地有不同的酒文化，问一下中国朋友或上网查一下，哪个地方的人比较能喝酒

山东　广东　东北　内蒙古　上海

四、讨论

1. 人们一般在什么场合必须喝酒？
2. 在你们国家，有没有不想喝酒却不得不喝的情况？

五、在餐桌文化上，不同国家或同一个国家的不同地区有哪些异同？分组讨论填写下表

提示：请客、主客点菜时的表现、付钱形式、喝酒程度

	A 地	B 地
相同点		
不同点		

六、请找出本课中你觉得最好用的五个句子

1.
2.
3.
4.
5.

第十课　学习哪有个完啊？
Dì-shí kè　Xuéxí nǎ yǒu ge wán a?

热身话题
WARMING-UP EXERCISE

1. 听中国人说话，你感觉最困难的是什么？
2. 你知道哪些有关语言方面的考试？
3. 你怎么评价自己的汉语能力？

词语
VOCABULARY

1. 落	là	动	drop; leave behind
			我把书包~在公交车上了。/ 你~东西了！
2. 保安	bǎo'ān	名	security guards
3. 丢三落四	diū sān là sì		forget this and that; forgetful
4. 马大哈	mǎdàhā	名	a careless person; scatterbrain
			他丢三落四的，是个~。

5. 海外	hǎiwài	名	overseas; abroad
			~留学生 / 我们公司业务主要面向~。
6. 从容	cóngróng	形	calm; unhurried; (of time or money) plentiful
			态度~/ 办事~/ 时间~
7. 震撼	zhènhàn	动	shake; shock
			~人心 / 场面令人~。
8. 现场	xiànchǎng	名	scene (of an event, accident or crime); on-the-spot
			~售书 /~采访 / 事故~
9. 签名	qiān míng		sign one's name; signature
10. 售	shòu	动	sell
			~票 /~书 /~完
11. 背景	bèijǐng	名	backdrop; background
			文化~/ 历史~/ 当时的~
12. 糊里糊涂	hú li hútū		act foolishly; puzzled
			这段历史我一直弄不明白，总是~的。
13. 解说	jiěshuō	动	explain orally; comment
			现场~/ 体育~/~词 /~员
14. 有备无患	yǒu bèi wú huàn		be prepared and you won't be sorry
			多准备几个方案吧，~。
15. 疯狂	fēngkuáng	形	crazy; insane
			~学外语 / 他们在香港~购物。

16. 劲头	jìntóu	名	spirit; drive; zeal
			~十足/学习~很大/他有一股不怕困难的~。
17. 识字量	shízìliàng		number of recognized characters
18. 写作	xiězuò	动、名	write; writing
19. 大白话	dà bái huà		plain words
			用~讲深刻的道理。
20. 诗词	shīcí	名	classical Chinese poetry
21. 修养	xiūyǎng	名	accomplishment; self-cultivation
			文化~/理论~/缺乏~
22. 整	zhěng	形	whole; full
			整+量词：~天玩电脑/~篇文章我只能看懂三分之一。
23. 简直	jiǎnzhí	副	simply; virtually
			~让人难以相信/这幅画~跟真的一样。
24. 要命	yào mìng		be killing sb.; extremely
			真~/热得~

专有名词

1. 雅思	Yǎsī	IELTS（the International English Language Testing System）
2. 托福	Tuōfú	TOEFL（Test of English as a Foreign Language）
3. GRE	GRE	Graduate Record Examinations

课文 TEXT

情节：陈家杰先去教学楼取电子词典，然后跟和悦去看展览。

1. 陈家杰为什么要去教学楼?

2. 陈家杰为什么管和悦叫马大哈?

陈家杰：和悦，我得先去九号楼取一下电子词典。我下课的时候落在教室里了，老师说放在保安那儿让我去取。

和　悦：哦，你也落东西啊？你上次还笑我丢手机，说我经常丢三落四的，叫我马大哈。

陈家杰：你还记着呢？抱歉抱歉！以后我再也不说了！

(来到教学楼门口)

师傅，我姓陈，白老师把词典放在你这儿了吧？

保　安：是这个吧？您收好。

陈家杰：谢谢！

陈家杰：听说那个"海外中国书画作品展"人很多呀！

和　悦：对，不过现在去人少，会从容一点。我推荐你一定要去看一看，特别震撼。现场还有签名售书呢。

陈家杰：那一定很精彩，我在国内也看过，不过有些东西文化背景很深，不了解的话，会看得糊里糊涂，有你解说的话，我们就能看得更明白了。我再叫几个朋友一起去吧。

和　悦：好啊，人多更热闹。你看还有谁愿意去，叫几个算几个。

陈家杰：好。我这就给他们发短信。（发完短信后）对了，和悦，你刚才说要报名考雅思吗？

和　悦：我本来想考考托福就行了，可是有的学校要雅思，有的要 GRE。我想还是有备无患，都准备一下吧。我必须想办法增加词汇量，现在正疯狂背单词呢。

3. 和悦为什么建议去看展览？

4. 陈家杰为什么想去看？

5. 和悦最近在忙什么？

6. 陈家杰认为自己的学习热情怎么样？

7. 陈家杰的汉语有哪些问题？

8. 和悦提了什么建议？

9. 陈家杰觉得和悦的建议怎么样？

陈家杰：我要是有你那样的学习劲头，汉语早就该学出来了。

和　悦：你的口语跟中国人差不多了，还学什么呀？

陈家杰：我的听说能力还可以，可是阅读能力不行，识字量有限，阅读速度比较慢，还常常念错字；写作能力也很差，写出来都是大白话，成语典故、古代诗词的修养都不够。还有一些文化背景也了解得不多，有时候你们说话，我每句话都能听懂，可整段话放在一起，就搞不清楚你们到底在说什么了。

和　悦：看你谦虚的，学习哪有个完啊？这样吧，你以后每天都写一篇五百字的东西给我，我帮你看。

陈家杰：五百字？每天写？我的天啊！简直要我的命！读五百字的文章我还要花两个小时呢！

句式练习 SENTENCE PATTERN EXERCISES

阅读下列例句，然后用加点的部分完成对话：

1. 叫几个算几个。

■ "v.几＋量词＋算几＋量词"或"v.一点儿算一点儿、v.多少算多少"，表示数量不多没关系，不嫌少。

The structure "v.几 +measure word+ 算几 +measure word", "v.一点儿算一点儿" or "v.多少算多少" indicates that the small amount does not bother the speaker; the speaker is content with whatever amount available.

（1）我只画了三幅，还没画完呢！

（2）马上轮到你了，你还在背单词啊？

（3）时间不多了，还来得及吃饭吗？

2. 我这就给他们发短信。

■ "这就……"表示不拖延、马上做某事。

The expression "这就……" indicates to do sth. right now without further ado.

（1）你什么时候去买票？再晚就订不上了。

（2）你的简历（jiǎnlì，resumé）怎么还没发出去？

（3）你不打算报名了吗？截止日马上就到了。

3. 你的口语跟中国人差不多了，还学什么呀？

■ "还＋v.什么呀"，反问句，强调否定，意思是不需要学了。

The structure “还 +v.什么呀” introduces a rhetorical question to emphasize negation. The above sentence means “You don’t need to continue your study at all.”

(1) 我想再去买些 CD。
(2) 我得好好儿练练唱歌。
(3) 这个房子不舒服，我得再换一个地方。

4. 看你谦虚的，学习哪有个完啊？

■ “看你 +adj./v.的”，含有提醒的意思，有时会带有一点不满。关系很近的人之间使用。“哪（有）……啊”，反问句，强调否定。意思是你太谦虚了，东西永远也学不完。
The expression “看你 +adj./v.的” means “Look at how adj. you are!” implying a warning and sometimes suggesting a disapproving attitude on the speaker’s part. It is generally used between people who know each other well. “哪（有）……啊” forms a rhetorical question to emphasize negation. The above sentence means “You are way too modest! Learning knows no end.”

(1) 我想干完这些活儿再睡觉。
(2) 老师已经忘记我的名字了，看来我不够优秀啊。
(3) 我儿子一个星期没来电话，会不会出事啊？

5. 读五百字的文章我还要花两个小时呢！

■ 表示做一件简单的事都需要很长时间，做其他事的话，时间就更长了。
This expression indicates that even doing a simple thing takes a long time, to saying nothing of doing something more complicated.

(1) 从这儿到那儿大概 300 公里，两个小时你开得到吗？
(2) 你一星期能学会一套太极拳吗？
(3) 你一个晚上能把这篇论文翻译出来吗？

练习 EXERCISES

一、你做过什么糊涂的事吗？

二、分组交流：大家在汉语学习方面有哪些经验？哪些是共同的，哪些是独特的

共同的经验：
独特的经验：

三、讨论

1. 你认为在汉语学习中你哪些方面进步最大？哪些方面还有问题？
2. 你参加过的重要考试有哪些？为什么要参加这些考试？

四、下面是几个使用率很高的成语典故，请选择两个，查查资料说说它们的意思

胸有成竹
自相矛盾
揠苗助长
借花献佛
引狼入室
水滴石穿
高山流水

五、请找出本课中你觉得最好用的五个句子

1.

2.

3.

4.

5.

第十一课　带 什么 礼物 好 呢？

Dì-shíyī kè　Dài shénme lǐwù hǎo ne?

热身话题

WARMING-UP EXERCISE

1. 你在国内时收到过什么样的中国礼物？
2. 你到中国来，带了什么小礼物？
3. 回国时你觉得带什么东西比较合适？

词语

VOCABULARY

1. 一转眼	yìzhuǎnyǎn		in an instant
			~，我来这儿已经两个月了。
2. 次数	cìshù	名	number of times or occurrences
			我看电影的~不多。/要保证练习~。
3. 千里迢迢	qiān lǐ tiáotiáo		from a great distance
4. 空手	kōng shǒu		empty-handed
			不要~去做客/空着手回家

5. 雕刻	diāokè	动	carve; sculpt
6. 欣赏	xīnshǎng	动	appreciate; enjoy ~美景 /~字画 / 我很~他的个性。
7. 番	fān	量	a course; time 一~好意 / 一~心血 / 下了一~功夫 / 有过一~经历
8. 泥人儿	nírénr	名	clay figurine 捏~
9. 应有尽有	yīng yǒu jìn yǒu		have everything that one should have 这家商场很大，东西~。
10. 珍珠	zhēnzhū	名	pearl 一颗~/~项链
11. 玉器	yùqì	名	jade article
12. 礼品	lǐpǐn	名	gift; present
13. 竹简	zhújiǎn	名	inscribed bamboo-slips
14. 丝绸	sīchóu	名	silk
15. 水晶	shuǐjīng	名	crystal
16. 之类	zhīlèi		and so on; and the like 那里主要卖珍珠、玉石~的东西。

17. 手镯	shǒuzhuó	名	bracelet
			一副～/戴了一只～
18. 用来	yònglái	动	be used for
			这种木材～做家俱最好。
19.（印）章	（yìn）zhāng	名	seal; stamp
			一块～/私人～
20. 品位	pǐnwèi	名	good taste; class
			这个店的装饰很有～。
21. 嫌弃	xiánqì	动	dislike and avoid
			～老人/因为有病被别人～。
22. 神	shén	形	supernatural; magical
			这种药真～，病一喝就好。/他这个人太～了，什么都会。
23. 琴棋书画	qín qí shū huà		lute-playing,chess, calligraphy and painting-accomplishments of a traditional scholar
			她～，样样精通。
24. 露一手	lòu yì shǒu		show off one's skill
			今天我给你们做几个菜，～。
25. 声明	shēngmíng	动	declare; announce
			发表～/事先～
26. 万一	wànyī	连	just in case; if by any chance
			还是带上药吧，～生病会用得着。

专有名词

1. 黄山	Huáng Shān	Huangshan（mountain in Anhui）

2. 田黄石	Tiánhuángshí	Field-yellow stone; agalmatolite (mixture of talc, pyrophyllite, muscovite and/or clay minerals)
3. 天津	Tiānjīn	Tianjin
4. 京剧脸谱	Jīngjù liǎnpǔ	types of facial make-up in Beijing opera
5.《孙子兵法》	Sūnzǐ Bīngfǎ	*The Art of War*
6.《清明上河图》	Qīngmíng Shànghé Tú	"*Riverside Scene at the Pure Brightness Festival*" (title of a famous painting)

课文 TEXT

情节：哈利在草地上给大家弹吉他，之后谈起回国买礼物的事

1. 哈利家里都有什么人？

哈　利： 时间过得太快了！开学好像还是昨天的事，一转眼就该回国了。也该准备礼物了。我家是个

大家庭，除了爷爷奶奶和父母，我还有五个兄弟姐妹。他们都没来过中国。还有亲戚朋友什么的。你们说带什么礼物好呢？

和　悦：还是先问问家人需要什么再买比较好。家杰来中国的次数比较多，应该很有经验。

2. 和悦提了什么建议？

陈家杰：每次我父母都说："千里迢迢的，什么都不要带。"可是我哪能空手回去呢？上次去黄山我给爷爷买了一块田黄石的雕刻，他喜欢得不得了，每天都要欣赏一番。

3. 陈家杰买过什么礼物？

哈　利：你挺会买东西的。我比较喜欢中国字画，别看我自己写不好也画不了，但我已经买了三幅字画了。我去过一次天津，但当时只注意看字画了，像什么京剧脸谱、泥人儿都没买，现在真后悔。

4. 哈利买过什么？因为什么他后悔了？

和　悦：那些东西咱们这儿也能买到。哪天我带你去工艺品一条街，那儿的工艺品可以说应有尽有，什么珍珠玉器啦、木雕竹扇啦，只有你想不到的，没有你买不到的。

5. 工艺品一条街上有什么东西？

陈家杰：我一个日本朋友买的礼品也挺好的，就是贵了点，一件《孙子兵法》竹简、一幅《清明上河

6. 陈家杰的日本朋友买过什么礼物？

图》丝绸画，都是在网上买的。

和　悦：这些东西确实很有中国特色，都可以做国礼了。哎，我也有一个主意，不知你们喜欢不喜欢。中国人喜欢玉、水晶之类的东西，除了做项链、手镯外，还常常用来做印章。印章这边刻汉字，那边刻英文，又好带又有品位，多棒啊！

7. 和悦为什么建议带印章?

哈　利：这个主意不错。不过刻章挺贵吧？

和　悦：那得看在什么地方！咱们学校的周末文化市场上就有人能刻，刻得还不错。你们要是不嫌弃，我男朋友也行。

8. 哪里能刻章?

陈家杰：你男朋友太神了！琴棋书画样样行，还会刻章啊！就找他吧，还是个很好的纪念呢。

9. "神"是什么意思?

和　悦：他呀，正想露一手呢。（开玩笑道）不过我得事先声明，你们最好多买点材料，别买太贵的，万一刻坏了他可赔不起啊！

陈家杰：你说到哪儿去了！

10. "说到哪儿去了"是什么意思?

句式练习 SENTENCE PATTERN EXERCISES

阅读下列例句，然后用加点的部分完成对话：

1. 开学好像还是昨天的事，一转眼就该回国了。

■ 表示时间过得很快，马上就该做某事了。
This expression means "in the twinkling of an eye, it is time to do sth.," indicating rapid elapse of time.

(1) 他女儿都要结婚了？我认识他的时候还是高中生呢。
(2) 下个星期五他们就要毕业离校了。
(3) 我们在实习期间得到您的很多帮助，非常感谢！

2. 可是我哪能空手回去呢？

■ 反问句，强调否定。这句话的意思是不能空手回去。
"哪能……呢？" forms a rhetorical question to emphasize negation. The above sentence means "I definitely can't go back home empty-handed."

(1) 没办完事也没关系，你先走吧。
(2) 没买房子也能结婚啊。
(3) 你能带着孩子去上班吗？

3. 那得看在什么地方！咱们学校的周末文化市场上就有人能刻。

■ 表示要根据时间、地点、人物等情况判断。这句话的意思是别的地方可能很贵，但文化市场上就没那么贵。

"那得看……" indicates that the veracity of a statement depends on the specific time, location or person. The above sentence means that a normally expensive product may cost less in the Cultural Market.

(1) 这个工作肯定没人愿意干。
(2) 现在找工作真难哪!
(3) 我觉得在这儿住，买车用处不大。

4. 你们要是不嫌弃，我男朋友也行。

■ 委婉地提出建议，不强迫别人接受。
This expression (literal meaning: "If you don't dislike and avoid this, why don't you...?") is used to politely make a suggestion.

(1) 咱们去外面吃饭还是在学校吃食堂?
(2) 咱们怎么走? 坐出租还是坐公交?
(3) 我打算住宾馆，还没定房间。

5. 别买太贵的，万一刻坏了他可赔不起啊!

■ 劝对方不要做某事，后一句说明原因。"万一"后面一般是不希望发生的事。
The adverb "别" is used to talk the opposite party out of doing sth. The latter sentence explains why. "万一" ("just in case; if by any chance") introduces an unfavorable scenario that has a very small chance to happen.

(1) 那个宾馆很便宜，我们住那儿吧。
(2) 买桃子要硬的还是软的?
(3) 我们要带什么东西去那儿?

练习

EXERCISES

一、请根据课文内容说出下列礼物名称，你认为哪些东西比较特别？

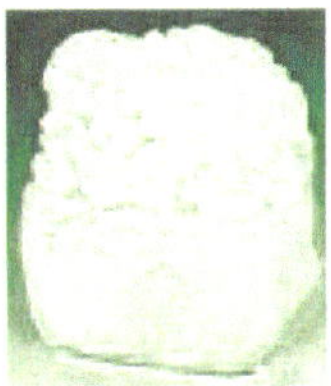
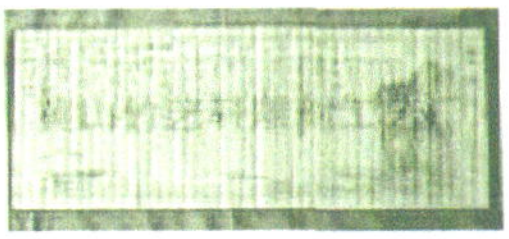

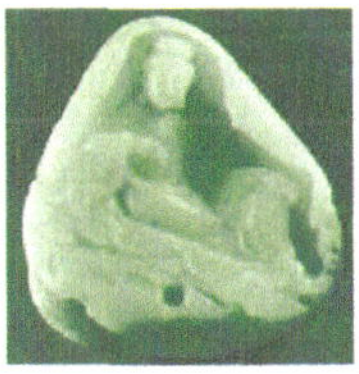

二、如果让你给下面的人选生日礼物，你会选什么？

上幼儿园的小女孩　　上初中的男孩　　男／女大学生

中年妇女　　七十多岁的老人

听听其他同学的想法，比较一下哪些更合适。

三、讨论

1. 到你们国家旅游时，人们一般会买什么东西做礼物？
2. 你在挑选礼物时会考虑什么因素？（价格、材质、工艺、接受对象……）
3. 第一次去中国人家里做客，你会带礼物吗？带什么礼物？

四、请提供五种不同的带有中国特色的东西作为赠送亲友的礼物，然后共同选出最合适的礼物

1.

2.

3.

4.

5.

五、请找出本课中你觉得最好用的五个句子

1.

2.

3.

4.

5.

第十二课
Dì-shí'èr kè

中国人 常 问 的 十 个 问题
Zhōngguórén cháng wèn de shí ge wèntí

热身话题
WARMING-UP EXERCISE

1. 来中国以后，你常被问到什么问题？
2. 你对什么事情印象最深？
3. 如果用一句话评价你现在的生活，你怎么回答？

词语
VOCABULARY

1. 演讲	yǎnjiǎng	动、名	speech
			发表~/她的~非常成功。
2. PPT	PPT	名	PowerPoint
			她做了一个~。/这个~文件打不开。
3. 舞厅	wǔtīng	名	dance hall; ballroom

4. 好奇	hàoqí	形	curious
5. 惊讶	jīngyà	形	surprised; amazed 感到~/~不已/大家~地看着他。
6. 清淡	qīngdàn	形	(of food) not greasy or strongly flavored 饮食~/口味~
7. 偶尔	ǒu'ěr	副	once in a while; occasionally 他常常踢足球，~打打篮球。
8. 小吃	xiǎochī	名	snack; refreshments
9. 肉夹馍	ròujiāmó	名	marinated meat in baked bun
10. 羊肉泡馍	yángròu pào mó		pita bread soaked in lamb soup
11. 烧饼	shāobǐng	名	baked, sesame coated cake
12. 翡翠烧卖	fěicuì shāomài		steamed vegetable dumplings (翡翠：emerald；烧麦：*Shaomai* (Steamed pork dumplings))
13. 手把羊肉	shǒu bǎ yángròu		hand-served mutton
14. 俗话说	súhuà shuō		as the saying goes
15. ……者	…zhě	助	used after a verb; -er, -ist, -or

			迟到～一概不能入内。/ 符合条件～都可以报名参加。
16. 吃苦	chī kǔ		bear (suffer; endure) hardship
			有～精神 / 想要成功必须先吃一番苦。
17. 丢脸	diū liǎn		lose face; be disgraced
			偷东西当然是～的事。/ 这个事件让他丢尽了脸。
18. 女生	nǚshēng	名	female student
19. 占便宜	zhàn piányi		gain an extra advantage by unfair means; profit at other people's expense
			爱占小便宜 / 占别人的便宜
20. 谈不上	tán bu shàng		be far from being
			精通～，我只是会一点。
21. 衣食住行	yī shí zhù xíng		clothing, food, shelter and transportation-basic necessities of life
22. 战胜	zhànshèng	动	overcome; conquer
			～困难 /～敌人
23. 挫折	cuòzhé	名	setback; frustration
			遇到～/ 受到很大～。
24. 总的来说	zǒng de lái shuō		generally speaking; to sum up
			～，我还是赞同这个方案的。

25. 人生	rénshēng	名	life
			积累～经验 / 畅谈～理想 / 对待～的态度
26. 财富	cáifù	名	treasure; wealth
			积累～/ 一笔～/ 宝贵的～

专有名词

1. 西安	Xī'ān	Xi'an, the capital city of Shaanxi Province
2. 江苏	Jiāngsū	Jiangsu Province
3. 黄桥烧饼	Huángqiáo Shāobing	Huangqiao-style sesame cake, round or oval shaped with a salty or sweet flavor. Huangqiao Town is in Jiangsu province.

课文 TEXT

情节：学习快要结束了，玛莲参加演讲比赛，用 PPT 讲自己在中国的生活

大家好，我演讲的题目是“中国人常问的十个问题”。我来中国以后，除了去外地旅行以外，平时也去一些著名的酒吧、咖啡馆、舞厅，大家不要笑，都是同学、朋友或者朋友的朋友介绍的，很安全。不管在旅途中，还是在酒吧、咖啡馆，总会有人过来好奇地跟我打招呼，我一说中文，他们就很惊讶，有人说我的发音比他们还标准，把我高兴得真想请他们吃饭。我的汉语水平提高这么快，跟我经常和中国人接触有很大关系。

他们提的问题常常很相似，我总结了十大问题。容易回答的问题有这样一些：来中国多长时间了？为什么来呀？去过哪儿啊？想家吗？父母是做什么的？将来打算在中国工作吗？为了节约时间，这里就不重复回答了。

下面的四个问题有点复杂，我说说我是怎样回答的吧。

1. 玛莲来中国以后，去过哪些地方？

2. 玛莲为什么想请人吃饭？

3. 玛莲认为中国人问的问题好回答吗？

第一个问题：喜欢吃中国菜吗？

中国菜种类很多，有的很好吃，有的我吃不惯。广东菜很清淡，我比较喜欢，四川菜太辣，偶尔吃一次还行。我更喜欢小吃，比如西安的肉夹馍、羊肉泡馍，江苏的黄桥烧饼、翡翠烧卖，内

4. 玛莲提到了哪些地方的食物？

蒙古的手把羊肉、烤全羊……哦，这个不是小吃，说错了。

第二个问题：汉语好学吗？

5. 汉语应该怎么学？

俗话说，会者不难，难者不会。有了兴趣就喜欢学，觉得有用就会主动去学，还要不怕吃苦，不怕丢脸。对了，可能女生学语言会占点便宜吧。

第三个问题：你喜欢中国吗？

6. 第三个问题玛莲回答了吗？

对一个地方不了解的时候，谈不上喜欢不喜欢。但是当你认识了这么多可爱的人，发生了这么多值得回忆的事，就会对这里产生感情。中国这么大，我还有很多地方没有去过，所以这个问题具体点才好回答。

最后一个问题：你在哪些方面不适应？

7. 玛莲怎么看待困难？

这个问题有点难，难就难在不能确切回答。我想不出来哪些方面特别不适应。衣食住行各方面可能都会有些问题，但是能跟中国人一样去感受，也挺好的。我觉得我学到了很多东西，战胜了不少困难，虽然遇到了一些小的挫折，但现在想想也挺有趣的。

8. 玛莲怎么总结自己在中国的生活？

总的来说，我对这里的生活很满意，这是我人生路上一个很好的回忆，也是我的一笔精神财富。

句式练习

SENTENCE PATTERN EXERCISES

阅读下列例句，然后用加点的部分完成对话：

1. 有人说我的发音比他们还标准，把我高兴得真想请他们吃饭。

■ “把某人 +adj./v.得真想……”，形容程度很高。

The structure “把 sb.+adj./v.得真想……” emphasizes an intensive degree.

(1) 你为什么说要打他一顿？

(2) 你怎么那么激动？作品得奖了吗？

(3) 你刚才说差点儿没赶上飞机？

2. 四川菜太辣，偶尔吃一次还行。

■ 表示某件事有时候可以试一下，但不能常这样做。

This expression indicates that trying sth. occasionally is fine, but one cannot do this on a regular basis.

(1) 你住得起五星级宾馆吗？

(2) 你玩儿网络游戏吗？

(3) 你喜欢吃方便面吗？

3. 对一个地方不了解的时候，谈不上喜欢不喜欢。

■ “谈不上”表示达不到某种程度或情况。

The expression “谈不上” can be translated as “far from (being); out of the question; let alone,” emphasizing that it is impossible to reach a certain level or state.

(1) 你赞成不赞成这个观点？
(2) 你能理解那本书所要表达的内容吗？
(3) 你愿意跟那个人交往吗？

4. 这个问题有点难，难就难在不能确切回答。

■ “adj./v.就 adj./v.在……”，adj./v.常为形容词或心理动词，可以表示范围、原因和条件等。指最突出的、最关键的地方。
The structure “adj./v.就 adj./v.在……”（if a verb is used, it often implies mentality or psyche）highlights the most prominent or critical aspect of the topic, such as range, reason or condition.

(1) 你能说说这样设计的好处吗？
(2) 这种汽车看上去很一般，为什么价格会这么高呢？
(3) 你怎么会觉得这个回答很聪明呢？

5. 总的来说，我对这里的生活很满意。

■ “总的来说”一般放在谈话最后进行总结，或谈总体印象。
The phrase “总的来说”（“generally speaking”）is usually placed at the end of a speech to draw a conclusion.

(1) 他是个什么样的朋友？
(2) 这件事情容易办吗？
(3) 他们比赛成绩怎么样？

练习 EXERCISES

一、下面有一些俗语，你能猜猜是什么意思吗？

(1) 好货不便宜，便宜没好货

(2) 车到山前必有路

(3) 早起的鸟儿有虫吃

(4) 有多大的脚穿多大的鞋

二、课文里提到的十大问题中，你有同感的有哪些？

三、在你的朋友中做一个小调查："你在中国被问到的问题"，完成下表

	最难回答的问题	最有意思的问题	最不想回答的问题
1			
2			
3			
4			

四、分组讨论

1. 通过什么方式能够结交中国朋友？
2. 在你们国家，哪些问题不能随便问？
3. 如果遇到你不想回答的问题，你怎么办？

五、总结一下你在中国的生活，在全班做一次演讲

（建议使用图片、PPT等形式）

六、请找出本课中你觉得最好用的五个句子

1.

2.

3.

4.

5.

词语总表

Vocabulary

A			
按摩	ànmó	动	4
昂贵	ángguì	形	9
B			
白酒	báijiǔ	名	9
拜访	bàifǎng	动	5
版	bǎn	名	8
包涵	bāohán	动	1
宝贝	bǎobèi	名	8
保安	bǎo'ān	名	10
保修期	bǎoxiūqī		2
爆	bào	动	3
背包客	bēibāokè	名	7
背景	bèijǐng	名	10
被动	bèidòng	形	4
彼此	bǐcǐ	代	1
表现	biǎoxiàn	名、动	7
别致	biézhì	形	8
博士生	bóshìshēng	名	8
不甘示弱	bùgān shì ruò		5
不愧	búkuì	副	6
不虚此行	bù xū cǐ xíng		7

C			
财富	cáifù	名	12
餐巾	cānjīn	名	5
场地	chǎngdì	名	4
成语	chéngyǔ	名	1
吃得消	chī de xiāo		3
吃苦	chī kǔ		12
充电	chōng diàn		2
冲	chòng	动	5
出气	chū qì		5
传说	chuánshuō	名	1
纯（棉）	chún（mián）	形	2
词汇量	cíhuìliàng	名	1
次数	cìshù	名	11
从容	cóngróng	形	10
凑合	còuhe	动	2
挫折	cuòzhé	名	12
D			
搭（车）	dā	动	7
打盹儿	dǎ dǔnr		6
大白话	dà bái huà		10
大饱口福	dà bǎo kǒu fú		3
大多	dàduō	副	3

待机	dài jī		2
导游	dǎoyóu	名	7
地道	dìdao	形	5
地铁	dìtiě	名	6
典故	diǎngù	名	1
典型	diǎnxíng	名、形	7
电池	diànchí	名	2
雕刻	diāokè	动	11
碟子	diézi	名	5
丢脸	diū liǎn		12
丢三落四	diū sān là sì		10
F			
发财	fā cái		3
番	fān	量	11
返程	fǎn chéng	名、动	7
返回	fǎnhuí	动	7
放松	fàngsōng	动	4
翡翠烧卖	fěicuì shāomài		12
分享	fēnxiǎng	动	5
疯狂	fēngkuáng	形	10
逢年过节	féngnián guòjié		9
敷	fū	动	4
G			
感受	gǎnshòu	名、动	4
高尚	gāoshàng	形	1
公交（车）	gōngjiāo（chē）	名	6
公务员	gōngwùyuán	名	6
功能	gōngnéng	名	2
够呛	gòuqiàng	形	4
古文	gǔwén	名	1
拐弯儿	guǎi wānr		7
惯	guàn	形	9
惯用语	guànyòngyǔ	名	7
光临	guānglín	动	2
规格	guīgé	名	9
规划	guīhuà	名、动	6
贵重	guìzhòng	形	8
过瘾	guò yǐn		3
H			
嗨	hāi	叹	6
海量	hǎiliàng	名	9
海外	hǎiwài	名	10
航班	hángbān	名	7
好在	hǎozài	副	9
好奇	hàoqí	形	12
合算	hésuàn	形	7
嘿嘿	hēihēi	拟声	5
糊里糊涂	hú li hútū		10
糊涂	hútu	副	5
火锅	huǒguō	名	3
J			
肌肉	jīròu	名	4
集币	jí bì		8
寂寞	jìmò	形	5
加班	jiā bān		6
加倍	jiābèi	形	6
家伙	jiāhuo	名	5
家宴	jiāyàn	名	9
价位	jiàwèi	名	2
假期	jiàqī	名	7
剪	jiǎn	动	8
剪纸	jiǎnzhǐ	名	8

简直	jiǎnzhí	副	10
讲究	jiǎngjiu	形	1
酱	jiàng	名、动	3
杰出	jiéchū	形	1
结交	jiéjiāo	动	8
解说	jiěshuō	动	10
劲头	jìntóu	名	10
惊讶	jīngyà	形	12
精神	jīngshen	形	1
颈椎	jǐngzhuī	名	4
酒量	jiǔliàng	名	9
局部	júbù	名	4
聚	jù	动	3
聚会	jùhuì	名	9
绝不	juébù	副	9
K			
(白)开水	(bái) kāishuǐ	名	6
开心	kāixīn	形	1
考察	kǎochá	动	8
可惜	kěxī	形	2
课堂	kètáng	名	5
空手	kōng shǒu		11
空座	kòngzuò	名	6
口气	kǒuqì	名	8
口味	kǒuwèi	名	3
酷	kù	形	7
夸	kuā	动	8
款	kuǎn	量	2
款式	kuǎnshì	名	2
L			
蓝牙	lányá	名	2
老年公寓	lǎonián gōngyù		5
姥爷	lǎoye	名	5
愣	lèng	动	5
礼品	lǐpǐn	名	11
联络	liánluò	动、名	9
露一手	lòu yì shǒu		11
落	là	动	10
M			
麻	má	形	3
马大哈	mǎdàhā	名	10
冒充	màochōng	动	9
美味	měiwèi	名	9
勉强	miǎnqiǎng	副	9
面额	miàn'é	名	8
名称	míngchēng	名	3
名胜古迹	míngshèng gǔjì		7
明明	míngmíng	副	9
魔鬼	móguǐ	名	7
N			
奶酪	nǎilào	名	3
难得	nándé	形	9
难以	nányǐ	副	9
闹着玩儿	nàozhe wánr		5
泥人儿	nírénr	名	11
牛仔裤	niúzǎikù	名	2
女生	nǚshēng	名	12
O			
偶尔	ǒu'ěr	副	12
P			
趴	pā	动	4
排队	pái duì		7

泡菜	pàocài	名	3
泡沫	pàomò	名	6
佩服	pèifu	动	1
配	pèi	动	6
(拍) 片子	(pāi) piānzi		4
品	pǐn	动	9
品德	pǐndé	名	1
品位	pǐnwèi	名	11
凭	píng	介	2
破	pò	形	2
PPT	PPT	名	12

Q

欺负	qīfu	动	5
其实	qíshí	副	2
千里迢迢	qiān lǐ tiáotiáo		11
谦虚	qiānxū	形	1
签名	qiān míng		10
前后	qiánhòu	名	7
桥牌	qiáopái	名	4
琴棋书画	qín qí shū huà		11
清淡	qīngdàn	形	12
清真	qīngzhēn	形	3
情节	qíngjié	名	1
拳	quán	名	5
拳击手	quánjīshǒu	名	5

R

人才	réncái	名	1
人家	rénjia	代	2
人生	rénshēng	名	12
肉夹馍	ròujiāmó	名	12

S

赛车	sài chē	动、名	8
烧饼	shāobǐng	名	12
奢侈	shēchǐ	形	4
设	shè	动	9
身强力壮	shēn qiáng lì zhuàng		1
神	shén	形	11
声明	shēngmíng	动	11
省事	shěng shì		6
诗词	shīcí	名	10
时尚	shíshàng	形、名	2
识字量	shíziliàng		10
实惠	shíhuì	形	3
实习	shíxí	动、名	6
世界文化遗产	shìjiè wénhuà yíchǎn	名	7
收藏	shōucáng	动	8
手把羊肉	shǒu bǎ yángròu		12
手镯	shǒuzhuó	名	11
首饰	shǒushì	名	8
首选	shǒuxuǎn	动	6
受伤	shòu shāng		8
售	shòu	动	10
书呆子	shūdāizi	名	4
涮涮锅	shuànshuànguō	名	3
涮羊肉	shuàn yángròu		3
爽	shuǎng	形	4
水晶	shuǐjīng	名	11
顺风车	shùnfēngchē	名	7
丝绸	sīchóu	名	11
松饼	sōngbǐng	名	6

俗话说	súhuà shuō		12
俗语	súyǔ	名	7
素食	sùshí	名	3
速溶(咖啡)	sùróng (kāfēi)	形	6
随意	suíyì	副	9
T			
T恤	T xù	名	2
谈不上	tán bu shàng		12
淘汰	táotài	动	2
特价	tèjià	名	2
特色	tèsè	名	3
提议	tíyì	动、名	3
亭亭玉立	tíng tíng yù lì		1
图片	túpiàn	名	3
徒步	túbù	副	7
土	tǔ	形	1
W			
哇	wā	拟声	6
外甥	wàisheng	名	5
玩家	wánjiā	名	7
万一	wànyī	连	11
味儿	wèir	名	9
稳定	wěndìng	形	2
无声无息	wú shēng wú xī		8
舞厅	wǔtīng	名	12
X			
喜悦	xǐyuè	形	1
闲不住	xián bu zhù		7
嫌	xián	动	5
嫌弃	xiánqì	动	11
现场	xiànchǎng	名	10
项链	xiàngliàn	名	8
象棋	xiàngqí	名	4
小吃	xiǎochī	名	12
小票	xiǎopiào	名	2
小型	xiǎoxíng	形	8
写作	xiězuò	动、名	10
欣赏	xīnshǎng	动	11
信号	xìnhào	名	2
型	xíng	名	4
幸亏	xìngkuī	副	6
休闲	xiūxián	形	2
修养	xiūyǎng	名	10
Y			
眼力	yǎnlì	名	8
演讲	yǎnjiǎng	动、名	12
羊肉泡馍	yángròu pào mó		12
腰围	yāowéi	名	2
药膳	yàoshàn	名	3
要命	yào mìng		10
一股脑儿	yìgǔnǎor		5
一举两得	yì jǔ liǎng dé		6
一身	yìshēn	名	4
一塌糊涂	yítāhútú		6
一再	yízài	副	9
一转眼	yìzhuǎnyǎn		11
衣食住行	yī shí zhù xíng		12
引进	yǐnjìn	动	3
应酬	yìngchou	动	9
应有尽有	yīng yǒu jìn yǒu		11
硬着头皮	yìngzhe tóupí		9
哟	yō	叹	6

用来	yònglái	动	11
幽默	yōumò	形	5
有备无患	yǒu bèi wú huàn		10
语伴	yǔbàn	名	1
语速	yǔsù	名	1
玉器	yùqì	名	11
预售	yùshòu	动	7
鸳鸯火锅	yuānyāng huǒguō		3
远大	yuǎndà	形	1
晕	yūn	动、形	1

Z

再说	zàishuō	动、连	8
扎针	zhā zhēn		4
占便宜	zhàn piányi		12
战胜	zhànshèng	动	12
(印)章	(yìn) zhāng	名	11
……者	…zhě	助	12
针灸	zhēnjiǔ	名	4
珍贵	zhēnguì	形	8
珍珠	zhēnzhū	名	11
震撼	zhènhàn	动	10
蒸	zhēng	动	3
蒸汽	zhēngqì	名	6
整	zhěng	形	10
之类	zhīlèi		11
纸币	zhǐbì	名	8
纸上谈兵	zhǐ shàng tán bīng		6
至于	zhìyú	连	3
志向	zhìxiàng	名	1
制作	zhìzuò	动	3
治疗	zhìliáo	动	4
肿	zhǒng	动	4
竹简	zhújiǎn	名	11
(女)字旁	(nǚ) zìpáng		1
总	zǒng	副	8
总的来说	zǒng de lái shuō		12
足疗	zúliáo		4
钻心	zuānxīn	动	4
嘴快	zuǐ kuài		5
左撇子	zuǒpiězi	名	5
坐过站	zuò guò zhàn		6
做客	zuò kè		9

专有名词 Proper nouns

B

巴西圣多斯	Bāxī Shèngduōsī	6
冰摩卡	Bīngmókǎ	6

C

曹操	Cáo Cāo	6

D

大连	Dàlián	7
东方明珠塔	Dōngfāng Míngzhū Tǎ	7

G

GRE	GRE	10

H

韩国	Hánguó	3
杭州	Hángzhōu	7
黄桥烧饼	Huángqiáo Shāobing	12